高职院校学生管理的创新发展研究

周末 著

北京工业大学出版社

图书在版编目（CIP）数据

高职院校学生管理的创新发展研究 / 周末著． — 北京：北京工业大学出版社，2022.12
　　ISBN 978-7-5639-8548-7

Ⅰ．①高… Ⅱ．①周… Ⅲ．①高等职业教育－学生－学校管理－研究 Ⅳ．① G718.5

中国版本图书馆 CIP 数据核字（2022）第 250226 号

高职院校学生管理的创新发展研究
GAOZHI YUANXIAO XUESHENG GUANLI DE CHUANGXIN FAZHAN YANJIU

著　　者：	周　末
责任编辑：	张　娇
封面设计：	知更壹点
出版发行：	北京工业大学出版社
	（北京市朝阳区平乐园 100 号　邮编：100124）
	010-67391722（传真）　　bgdcbs@sina.com
经销单位：	全国各地新华书店
承印单位：	北京银宝丰印刷设计有限公司
开　　本：	710 毫米 ×1000 毫米　1/16
印　　张：	11.25
字　　数：	225 千字
版　　次：	2022 年 12 月第 1 版
印　　次：	2022 年 12 月第 1 次印刷
标准书号：	ISBN 978-7-5639-8548-7
定　　价：	72.00 元

版权所有　翻印必究

（如发现印装质量问题，请寄本社发行部调换 010-67391106）

作者简介

周末，女，1982年10月出生，黑龙江省绥化市人，毕业于山东科技大学，硕士，现任日照职业技术学院讲师、国家三级心理咨询师、高级职业指导师。研究方向：学生思想政治教育、心理咨询与治疗。工作期间共主持和参与建设省级、院级精品课程4门、精品资源共享课程1门、精品在线开放课程1门，主持参与校级以上课题10余项，发表论文10余篇。

前 言

随着现代化进程的不断推进，社会发展需要大量高素质、强技能的专业技术人才。近年来，社会各界对职业教育教学与学生管理工作愈发重视，虽然我国的高职教育学生管理工作积累了一定经验，但由于教育历史较短、学生结构复杂等，导致高职院校学生管理工作中存在一些问题。因此，在社会发展进步的大背景下，如何有效推动高职院校学生管理理念、管理模式、管理制度和管理机制的创新发展，是诸多高职院校管理者需要思考的问题。在对高职院校学生管理工作进行创新时，需要根据学生的实际特点采取合适的管理方法和策略，并对这些管理方法和策略进行全面分析，积极探索高职院校学生管理创新的方法与策略，推动社会的发展进步。

全书共六章。第一章为绪论，主要阐述了高职院校学生管理的概念认知、高职院校学生管理的对象与任务、高职院校学生管理的指导思想、高职院校学生管理的现代转向等内容；第二章为高职院校学生管理的历史沿革，主要阐述了高职院校学生管理的历史发展、高职院校学生管理面临的机遇与挑战等内容；第三章为高职院校学生管理理念的创新发展，主要阐述了高职院校学生管理理念创新发展的重要性、高职院校学生管理理念创新发展的方向、高职院校学生管理理念创新发展的途径等内容；第四章为高职院校学生管理模式的创新发展，主要阐述了高职院校学生管理模式创新发展的重要性、高职院校学生管理模式创新发展的原则、高职院校学生管理模式创新发展的途径等内容；第五章为高职院校学生管理制度的创新发展，主要阐述了高职院校学生管理制度创新发展的重要性、高职院校学生管理制度创新发展的特征、高职院校学生管理制度创新发展的途径等内容；第六章为高职院校学生管理机制的创新发展，主要阐述了高职院校学生管理机制创新发展的重要性、高职院校学生管理机制创新发展的原则、高职院校学生管理机制创新发展的途径等内容。

在撰写本书的过程中，笔者借鉴了许多前辈、同行的研究成果，在此表示衷心的感谢！探索知识是永无止境的，本书还存在着不足之处，恳请前辈、同行以及广大读者进行斧正。

目 录

第一章 绪论 ·· 1
第一节 高职院校学生管理的概念认知 ·· 1
第二节 高职院校学生管理的对象与任务 ······································ 14
第三节 高职院校学生管理的指导思想 ·· 17
第四节 高职院校学生管理的现代转向 ·· 23

第二章 高职院校学生管理的历史沿革 ·· 29
第一节 高职院校学生管理的历史发展 ·· 29
第二节 高职院校学生管理面临的机遇与挑战 ·································· 38

第三章 高职院校学生管理理念的创新发展 ·· 62
第一节 高职院校学生管理理念创新发展的重要性 ······························ 62
第二节 高职院校学生管理理念创新发展的方向 ································ 63
第三节 高职院校学生管理理念创新发展的途径 ································ 82

第四章 高职院校学生管理模式的创新发展 ·· 97
第一节 高职院校学生管理模式创新发展的重要性 ······························ 97
第二节 高职院校学生管理模式创新发展的原则 ································ 98
第三节 高职院校学生管理模式创新发展的途径 ································ 101

第五章 高职院校学生管理制度的创新发展 ·· 115
第一节 高职院校学生管理制度创新发展的重要性 ······························ 115
第二节 高职院校学生管理制度创新发展的特征 ································ 118
第三节 高职院校学生管理制度创新发展的途径 ································ 122

第六章　高职院校学生管理机制的创新发展 ………………………… 146

第一节　高职院校学生管理机制创新发展的重要性 ……………… 146
第二节　高职院校学生管理机制创新发展的原则 ………………… 148
第三节　高职院校学生管理机制创新发展的途径 ………………… 150

参考文献 ………………………………………………………………… 171

第一章 绪论

在高职院校管理系统中，学生管理是极其重要的一个组成部分。当前，探讨高职院校学生管理活动的本质与内在规律，促进高职院校学生管理工作的科学化与人性化，最终为中国特色社会主义现代化事业培养出合格的建设者和接班人，是高职院校学生管理面临的一个重要课题。要促进这一课题的实现，首先要明确高职院校学生管理的理论依据，本章将对相关内容进行详细论述。本章分为高职院校学生管理的概念认知、高职院校学生管理的对象与任务、高职院校学生管理的指导思想、高职院校学生管理的现代转向四部分。

第一节 高职院校学生管理的概念认知

一、高职院校学生管理的核心概念

（一）高职院校

自 20 世纪末期以来，我国便着手对全日制普通高等学校之中专科的名称进行标准化管理，并把它归纳至"高等职业院校"的范围内。在我国高等教育之中，高职院校是必不可少的构成部分，是培育专业技术人才的一个核心场所，存在非常显著的职业性以及高等性两方面的特征。在高职教育之中，高职院校是必然存在的一个组成部分，其基本职责便是培育大量理论扎实、技能高超的专业型人才，强调学生专业技能的提升，从而为社会进步、社会发展提供源源不断的人才储备力量。相较于普通高等院校而言，高职院校的人才培养模式更加适应社会需求，更加强调理论与实践的衔接。具体而言，高职院校主要有以下特征。

第一，在教育目标上，更注重学生实践能力的培养。为了切实提高学生的专业能力和技能水平，一些高职院校会建立专门的实训基地，从而让所有学生都可以参与实践，有效提升了学生的专业技能。

第二，在教育内容上，突出实用性和职业性。高职院校是以培养满足社会发展需要的技能人才为根本目标的，主要针对专业技能和职业需求来进行教育教学，在学生的综合素养方面则较少涉及。

第三，在管理对象上，高职院校学生不具备扎实的文化基础，缺乏正确的学习动力，缺少高效的自我管理能力。目前，我国高职院校实施扩招战略，录取分数线逐渐降低，大部分就读于高等院校的学生都具有基础不牢固的特点。有一些学生不愿主动学习专业知识，缺乏学习的主观能动性；有一部分学生不具备较强的主体学习意识，缺乏自主学习的自制力。

第四，在学生管理模式上，部分高职院校的学生管理理念陈旧、管理方式传统、管理成效不足。传统管理模式以强制性的管理要求和管理任务为途径，以增强学生的服从性和屈从性为目的，强化学校管理的基础特色和整齐有序，没有深度分析学生管理的内在方式和长远方向，仅仅从学生发展中存在的问题出发进行体制化管理。

（二）学生管理

国内的许多学者都给学生管理下过定义，其中，比较典型的并具有代表性的定义有以下几种。

我国当代著名教育学家顾明远等人在其主编的《学校学生管理运作全书》中将学生管理定义为：学校学生管理是学校管理者根据教育方针所规定的目标，为使学生德、智、体、美全面发展而对学生的课内外活动进行计划、组织、协调、控制的总称。

显然，顾明远等人是从学生活动范围的角度对学生管理概念进行界定的，他强调学生管理是对学生在课内外活动过程中的组织与控制，其目的是促进学生的全面发展。由此可见，顾明远等人的学生管理概念既包括教学方面的学生管理，也包括非教学方面的学生管理，是对学生管理范围的一种界定。

江苏师范大学副校长蔡国春则将学生管理定义为通过非学术性事务和课外活动对学生施加影响的过程。显然，蔡国春的学生管理概念注重的是除了教学以外其他活动中的学生管理，即将学生的学习活动排除在外，这是不符合学校实际的。

1990年，国家教委颁布了《普通高等学校学生管理规定》，该规定中的学生管理指的是对高等学校学生在校期间的学习、生活、行为方面做出的规范要求。该定义中学生管理指的是对大学生的管理，是从学生在校期间所从事的活动角度给出的定义，它几乎涵盖了学生在校生活的所有方面。按此定义，可以将学生管理中的"学生"由大学生延伸至中学生，即对中学生在校期间的学习、生活、行为等方面做出的规范要求。

综上所述，国内学者关于学生管理并没有形成统一的概念。总的来讲，学生管理的概念具有广义与狭义之分。狭义的"学生管理"指的是对学生的行政管理，即各项计划、条例和规章制度的施行。它包括招生工作、学籍管理、常规管理、安全管理、社团管理、毕业与结业、奖励与处分等。广义上的"学生管理"除了指学生的行政管理之外，还包括了对学生的德育管理、身心健康管理、课堂学习管理、劳动管理等。一般研究中所列举的学生管理概念皆属于广义的学生管理，尤其是顾明远的学生管理概念，其更加符合我国目前的实际情况。因此，可以将学生管理的概念界定为学校管理者根据国家的教育目的与教育方针，对在校学生的学习、生活、行为等方面所进行的计划、组织、协调以及控制过程的总称。

（三）高职院校学生管理

从高职院校的实际情况来看，学生管理是一项极为重要的工作，很大程度上决定学生能否成才、学校能否达到教学目标、教学工作能否具备较高的质量。学生管理工作主要是学校通过一定的管理机制，规范与指导学生的行为，培养学生的综合素养，端正学生的作风，促进学生全面发展的管理活动。高职院校的学生管理主要是以高等职业学校为主体，基于一定的教学标准和理念，有计划、有组织地进行各种教育活动，以促使学生全面发展，更好地践行人才培养计划，实现教学目标的管理过程。

根据高职教育的总体目标，可以将高职院校学生管理的主要目标分为以下三个方面：第一，德育目标，主要是通过科学合理的思想教育工作，扭转学生错误的观念，帮助其形成正确的价值观，养成良好的职业道德素养；第二，学习目标，主要是为学生提供完善、和谐的学习环境，使学生更高效地学习成长，使他们能够认真学习理论知识、专注专业技能的提升、积极参与集体活动、乐于发明创造；第三，学生行为目标，主要是根据学校行为准则进行管理，纠正学生不规范的学习生活习惯，强化学生的生活自理能力和独立能力，以适应未来工作、生活的需要。

二、高职院校学生管理的特征

（一）管理层次的多元化

随着社会的进步和科学技术的发展，互联网早已在各行各业得到普及，在高职院校的学生管理工作中，网络的便捷性、开放性和广泛性为学生管理工作带来了新的特征，这一特征的呈现既创造了不同于传统教育教学的可能性，同时也为学生管理工作带来了挑战。

在互联网技术不断发展的情况下，学生在学习以及生活等方面都受到一定的影响。学校开展学生管理工作时，可以从多个层面进行，除了关心学生的想法和学校生活以外，还要重视校园环境的打造，关注学生精神层面的发展。

（二）管理模式的融合延伸性

互联网打破了传统的高职院校学生管理模式，融合了多种网络信息技术，延伸与扩大了学生管理工作的范围。工作人员可以充分运用先进的网络技术来开展学生管理工作，不再受到时间与地点的限制。

（三）管理方法的优化性

学生生活在学校当中，其在校生活不是零散和杂乱无章的，而是系统的、完整的，因此，学校对学生的管理贯彻的是连续全面的原则，在对学生的管理过程中应当充分发挥高职院校特有的优势。高职院校应在对学生的生活习性进行了解和尊重的基础上，对学生生活进行整体化管理而不是仅仅关注生活的某一方面。此外，学生在学校的学习和生活并不仅仅是涉及其生活的场所和空间，更是涉及学生生活成长的时间，因此，学校管理还具有将学生不同时期的生活前后衔接起来的功能，这也保证了学生发展的全过程性。

高职院校对学生生活内容的提供、生活文化氛围的营造、生活环境的设计等有利于生活教育作用的真正发挥。由于学生的在校生活存在连续性和整体性，学校在观察和梳理学生的整体生活时，能够更快发现学生在校生活中存在的困难，因而学校对学生生活进行整体管理，有利于在管理过程中优化其教育力量，也利于采用最优化的管理方法。

（四）管理内容的细致性

学校对学生的管理既包括执行学校制定的管理规章制度的直接管理，也包括管理工作者在和学生的接触中通过自身的优秀品格去影响学生的间接管理。高职院校学生管理的内容是多方面且复杂的，比如学生的宿舍管理、饮食管理、安全管理、活动管理、身心发展管理等。除此之外，由于管理的对象是在不断发展变化的，因此，学校还需要不断地更新管理的理念，与时俱进，以便更好地克服管理过程中可能出现的弊端。学校在管理过程中还需要探索和挖掘学生生活中存在的隐性育人资源,以便与学生所受到的显性教育结合起来,充分发挥高职院校教育资源的作用。更为重要的是,高职院校管理除了关注摆在明面上的具体的学生生活内容,还需要在管理的过程中跨越"无人化"管理的误区,促进学生的综合发展。由此可见,高职院校学生管理的内容是综合、细致而又繁杂的。

(五)管理主体的多样性

传统观点认为学校的管理主体主要是学校教师和管理人员;现代管理理念则提倡民主管理,教师、学生、家长等都是学校管理的主人,学生和家长应当有权利参与到学校学生管理的过程中。学生能在长期的校园生活中直观地感受和体验院校生活中的优点和不足。当学生在参与学校管理的过程中将自身的感受、想法、需求提出且得到一定程度的肯定并在管理决策中得以体现时,学生就能够更好地体会到学校对他们的理解和尊重,也就能更加积极主动地执行学校制定的管理规则,以便更好地发挥管理的效能。

为了更好进行有效的学生管理,学校也会聘请一些专家根据学生的身心发展规律和实际情况进行商讨、制定对策,以便发挥学生管理的效能。此外,学生在校的学习生活和身心发育也是家长的关注重点所在,家长在参与学校学生管理的过程中能更好地了解学生发展的具体情况,从而能很好地加强家校合作,促进学生全面综合发展。

三、高职院校学生管理的内容

高职院校学生管理的主要内容包括对学生的常规管理、学业管理、自主管理、活动管理、生活管理、安全管理、心理健康管理七部分,它覆盖了学生学习与生活的各个方面。上述七项学生管理内容相辅相成、相互影响、相互作用,又自成独立体系,共同作用于学生本身。

(一)常规管理

学校常规管理是指学校通过规章制度对学生进行的管理,包括对学生学习与生活中的行为规范的管理。它是校务管理工作的中心任务之一,也是学生入校后最先接受的基本管理,是提高教学质量的基本保障。高职院校的常规管理具有学生数量多、学生家庭背景复杂、管理事务杂、管理难度大等特点,所以大部分高职院校选择采取半封闭式管理。具体说来就是针对高职院校学生的特点,为保证学生在校生活高效运转,以校务工作者为主体,依照各级各类规章制度,对学生的日常行为、纪律、劳动等方面进行一系列有组织、有计划、有目的的管理。

（二）学业管理

学业管理是指学校或者负有教育职责的个人，通过运用一定的方法与手段，在科学教育理论的指导下，对学生学习的全过程所进行的管理，一般包括教学过程管理、教学纪律管理、教学计划管理、考试管理等。高职院校学生有很多的在校学习时间和校外实践时间，是否能充分利用这些时间提升学生的学业水平，成了评判高职院校办学水平的一把标尺。作为高职院校学生管理的主要内容，学业管理规定了学生的学习时长、学习内容、学习周期、学习环境甚至是学习方法，并尽量用可以量化或可视化的方法来进行督促管理。

（三）自主管理

对学生自主管理进行引导是高职院校学生管理的重要内容之一，管理的重点是引导或指导。学生自主管理指的是学生在教育者的指导下，对自己的学习和生活所进行的管理。它主要包括学生个体的自主管理以及通过建立学生自我管理组织来对学习主体进行管理约束两个方面。由于高职院校学生在校时间相对较长，学校教师管理人员有限，所以，学校往往借助于学生自我管理组织来进行自主管理。

高职院校的学生组织主要有学生会、班级及社团。这些学生组织要在学校、教师的参与下，根据自己的能力及需求，半自发形成。其中，学生会是在团组织领导下所形成的学生群众组织，它架起了学生与学校沟通的桥梁，与学校的各职能部门相通，对学校的各项管理行为提出建议和意见，有助于提高学校的运转效率和教学质量。

班级是构成学校这个有机体的细胞，是展开学校各项活动的基本管理单位。班级自主管理是让每个学生都参与到管理中的直接途径，是培养学生独立自主意识和思维判断能力的有效方式。一个具有强大凝聚力、拥有良好班风的班集体，通过科学民主的管理，可以促使班级中的每个个体都得到充分全面的发展。

（四）活动管理

活动管理是指教育者对学生在课内或课堂之外所参加的实践活动、文化活动、艺术活动、体育活动、专项教育活动、心理辅导活动和各类竞赛活动等进行的有组织、有计划的管理过程。发生在课内的活动称为课堂活动；发生在课堂之外的活动称为课余活动。这些活动可以促进学生动手能力、表达能力、应变能力、社交能力、团队协作能力及创新能力的提高。总体来讲，大多数高职院校因经费、场地、器材、交通、安全等多方面因素的限制，每学年举办活动的次数都是有限的，活动形式也是比较单一的。其中，高职院校组织的课余活动在发展学生能力、培养学生的兴趣和独立个性方面发挥了重要作用。学生在课余活动中可以更好地表现其自然天性，学校在管理的过程中应该顺应学生的这种天性，并在此基础上采取有的放矢的教育和管理策略，并且充分利用校园内的隐性资源，如校园景观、校园空间布置、良好的文化氛围的营造等进行管理，这种方式既不会引起学生的抵触和反感，也不会造成学生的心理负担。对学生进行课余活动管理还有利于挖掘学科教育教学中所没有的生活教育资源，有利于发现并积极利用学生在生活中自然而然流露的情感、态度、喜好等来进行管理，同时有利于学校在管理的过程中充分发掘学生生活中的隐性资源开展教育活动，从而更好地陶冶学生的人格和提高学生的道德修养。此外，学生在学校和生活中所受到的影响并不都是正面的、积极的，有时也会受到一些消极的、负面的、不利的影响，这就需要学校做好学生的日常生活管理工作，减弱生活中不良的隐性资源对学生的消极影响。

（五）生活管理

生活管理是对学生学习以外的生活起居所进行的管理，它主要包括学生的饮食、住宿、日常消费、卫生等方面的管理。可以说，在高职院校里，校园承担了学生生活的大部分内容，如学习、休息、娱乐等。对学生的生活进行管理，其目的就是通过管理，使高职院校学生掌握独立生活的方法和技能，提升他们的社会适应性水平。高职院校的生活管理方式主要包括教师的日常管理、相关制度的约束、与家长和学生进行沟通等。

高职院校的关键特征在于不仅学生的系统学习在学校中进行，而且学生的主要日常生活也在学校中度过。对于住校的学生来说，学校更是要做好其日常生活各方面的管理，既包括学生宿舍的日常管理以及在宿舍管理过程中营造其独有的宿舍文化和宿舍氛围，发挥宿舍的潜在育人功能。做好学生日常的生活管理还包括重视学生的在校饮食问题。民以食为天，学生的饮食质量关系到学生的身体发育，关系到学生的身心健康，更关系到学生对学习的精力投入，因此，高职院校饮食问题也是十分重要的。

做好学生的日常生活管理工作，有利于对学生做全面细致的了解，以便在管理过程中能够根据实际情况进行适时的调整，有利于对学生进行系统管理，有效发挥学生学习管理和生活管理"一加一大于二"的功能，也有利于消除外界对学生发展的消极因素和不良影响。

（六）安全管理

安全管理是高职院校学生管理中最为关键的一环，是高职院校管理者的重点关注所在。和普通学校一样，高职院校对于学生的安全管理十分重视，尤其是平时节假日学生返家的交通安全。除此之外，高职院校的安全管理还涉及学生的日常生活。学生在校生活时的宿舍安全、饮食安全、日常活动安全等问题都是高职院校管理者的牵挂所在。

近年来，食物中毒问题、在进行课余活动时学生受伤问题屡见不鲜，为了更好地保障学生的身心健康，高职院校需要做好学生的安全宣传教育工作，以便培养学生的安全意识。高职院校要定期进行突发事件的安全演习，以此培养学生应对紧急事件的实践能力。

高职院校学生的安全管理渗透在学生生活的方方面面，这就需要高职院校管理者既要关注学生的住宿和饮食等突出安全问题，更要关注到学生在校生活时容易被忽视的微小安全隐患问题，以便做到对学生的安全进行全面网络化的管理。

（七）心理健康管理

学生的心理健康管理是高职院校学生管理的重要内容，定期对学生进行心理健康宣传工作、积极鼓励学生在遇到心理难题时大胆求助以及聘请专业心理教师对学生进行疏导等，都是高职院校在进行学生心理健康管理时的重要举措。高职院校既要关注学生学业成绩的提升，又要关注学生的心理健康教育，更要能真正了解学生心理健康的具体标准以及能够从容应对不同类型的心理难题，采取有效的举措进行学生的心理教育管理工作，以便学生能够健康地成长。

四、高职院校学生管理的基本职能

通过纵向梳理高职院校学生管理的演变过程及横向归纳每个发展阶段高职院校学生管理的大致概况，可发现高职院校学生管理本质上是集教育、管理与服务职能于一体的育人活动。这三大职能相互依存、相互影响且相互融合，最终达到促进学生全面发展之目的。

（一）教育职能

尽管古今中外对高职院校使命的界定在指向上有所差别，但人们对高职院校发展的首要使命的认识基本都是一致的，即通过教育培养高质量人才是高职院校发展的内在要求和核心任务，也是高职院校提升品质与追求卓越的基础工程。这意味着在高职院校这种为实现教育目的而专门设立的特殊组织中，一切管理工作的开展必然要反映高职院校自身的本质属性和存在价值，并且均应服从并服务于教育这一根本任务。其中，学生管理作为高职院校管理系统的重要组成部分，自然需要将教育作为一切工作的出发点与落脚点，从而形成除教育教学与科学研究之外的另一条有效的人才培养路径。鉴于此，高职院校必须将教育思想与理念贯穿于学生管理工作的全过程，既要以现代高职院校的使命为引导、以学生全面发展为目标、以教育性的体现为重点对学生管理进行合理的规章制度设计，从制度层面为扎实推进学生管理的教育功能的发挥提供保障；同时，也要在学生管理具体实践中凸显其教育价值，可以通过开展各种类型的显性教育活动直接培养学生的综合素质，也可以通过借助文化环境的综合影响力这种隐性方式对学生施以潜移默化的教育影响。

总而言之，教育是高职院校学生管理工作的始点与归处，高职院校必须确保教育性在高职院校学生管理过程中得以延展。

（二）管理职能

高职院校学生管理伴随着高职院校的产生而出现，是一种旨在促进学生发展的学生事务的组织活动过程。因其操作与运转必须在整个高职院校内部管理的框架体系中进行，且需依赖各个管理系统的相互配合与相互协调，所以在实质上蕴含了一种作为管理活动而存在的本位逻辑。这主要体现在管理工作者与学生是基于伦理关系而形成的共同体，这个共同体中的各行为主体需要在明确自身权利与义务的前提下，围绕促进学生全面发展这一共同的组织管理目标，针对教学过程之外的管理性学生事务和指导服务性学生事务等多种内容，通过规章制度、纪律规范和奖惩规则等硬性管理与言语沟通、情感交流、精神激励、文化熏陶等柔性管理相结合的方式，依照"计划—领导—实施—反馈—调整—落实"的管理活动步骤相互作用。

由此可见，管理性是高职院校学生管理的基本特点，为有效维护学校教育教学和学生学习生活的正常秩序，科学地规范、引导、塑造学生的思想与行为，从而保障高职院校各项职能更好地发挥作用。高职院校在进行学生管理的过程中也需要遵循一定的管理学逻辑，运用管理学的普适性思想来科学指导实践。

（三）服务职能

高职院校学生管理自出现后便具备了服务性的内在特征，主要体现在为学生提供饮食与住宿等基本服务上。随着高等教育发展的深入推进，服务性逐渐成为高职院校学生管理改革的基本理念和趋势走向，其得益于高职院校改革诉求与学生内部需要的双重推动：一方面，全球化、国际化、信息化进程加剧了高等教育环境的复杂性，一系列改革措施的实施使得高职院校服务的范畴不断扩大，高职院校学生工作领域的内容也随之不断拓宽和丰富，倒逼高职院校构建服务型的学生管理工作体系。另一方面，当代学生日益呈现出较强的主体意识、参与意识、独立精神、个性特征等鲜明特质，在管理过程中开始追求个人的多样需求、个性发展与自我价值的实现。尤其是高等教育市场化的持续深入使得高等教育的产品属性愈发凸显，分担教育成本的学生成了高职院校教育的主要消费者。为了保障自身消费者合法权益的有效实现，学生开始要求高职院校提供学习、生活、活动等方面的服务。因而，将服务理念贯穿于高职院校学生管理的全过程乃其内在合理性使然，高职院校理应尊重学生在教育管理中的主体地位，最大限度地维护学生的根本利益，尽可能满足学生的差异性发展需要，在学习生活、思想道德、择业就业、人际交往、身心健康等方面为学生提供指导和服务，从而为学生的全面自由发展创造良好的条件，完成直接服务于高职院校人才培养的核心使命。

五、高职院校学生管理的要素

在管理的定义中，实现目标的主要手段是计划、组织、领导和控制。这里对高职院校学生管理工作的要素进行分析，可以从计划、组织、领导和控制这四个管理职能的角度展开讨论。

（一）计划要素

计划组织中的一切活动都应当以计划为始端。高职院校学生管理工作的计划要素是指，为了落实国家高等教育人才培养的教育理念而制定的一系列制度规范。高职院校的学生成长为合格的职业人才，需要他们经历从见习到实习的转变，这个过程不仅检验学生的职业技能，更考验其在校期间养成的道德修养。百年树人，良好道德的养成需要学生管理工作长期落实立德树人的教育理念。学生管理工作是一项复杂的组织活动，它需要教育理念的引领，也需要合理的制度规范保障其运行。

教育理念和制度规范都是高职院校学生管理工作的重要组成部分，它们之间既有区别又相互联系。制度规范建立在一定的教育理念上，同时也保障着教育理念的贯彻落实。教育理念更加抽象，如果没有具体的教育理念作为指导，对学生管理工作的指引和评价就会偏离正确的方向。制度规范更加具体，如果没有具体的管理制度和规范作为支撑,对学生管理工作的指引和评价就落不到实处。教育理念一经落实,就具有较强的稳定性,不易动摇,有助于学生管理工作的顺利开展。制度规范要根据动态的管理环境不断做出合理的调整。

(二)组织要素

管理目标的有效实现需要合理的组织结构。组织设计的根本任务是建立有益于管理的组织,以有效地实现组织的各项目标。高职院校学生管理工作的组织要素是学生管理者依据特定的教育理念和制度规则,设立管理组织结构,对人员和资源进行调配,最终实现管理组织活动正常运行的职能。

高职院校学生管理工作的主要组织机构有教学单位、行政部门、后勤部门,而学生作为这三个部门的主要管理对象,被学生管理工作者依据不同的专业和培养层次,划分为年级、班级等不同的管理单元进行管理。此外,学生会和学生社团的组织成员也是学生管理工作者的重要管理对象,但对他们的管理不同于一般的学生,重点在于引导和培育,最终在管理工作中形成学生自我管理的格局。

高职院校的组织对象在不同的培养层次,有着不同的学制,相应的专业教学模式也各有其特点。阶段不同,则教学任务和管理目标也不尽相同,在实习阶段,学生还会被打乱在不同的实践单位进行实习,这就要求高职院校管理工作者需要有良好的远程管理和组织协调能力。

(三)领导要素

领导是一种影响并感召个人和群体去追求某些目标的行为与过程。虽然管理者的任务不仅仅是领导,但有效的领导是管理成功的关键。领导的实质体现在感召和追随上,也就是说,一个人的感召力和人们对他的追随意愿使这个人成为领导者。人们愿意追随那些能满足他们需要和要求的人;领导者也要在了解人们的需要和要求的前提下,运用所具有的权力影响和感召人们实现组织的目标。因此,领导职能的内容是激励、指导、引导、促进和鼓励。

充分发挥领导要素在高职院校学生管理工作中的作用,可以提高学生管理工作的有效性,以确保实现目标。具体而言,高职生有着繁重的学业负担,在高职院校学生学管理工作中重视激励、指导、引导、促进和鼓励等管理手段的运用,可以帮助学生缓解学业压力带来的心理负担。高职院校应设立科学有效的激励机制和措施,满足学生日常学习生活中的物质需要和精神需要;完善奖学金、助学金体制,满足学生物质需要的同时也有利于激发学生的学习积极性,为学生营造积极向上的学习氛围；通过引导学生建立良好的同辈关系、鼓励学生参加愉悦身心的课外活动、帮助学生解决思想上的困惑、指导学生树立正确的思想道德观念等措施来满足学生的精神需要。

（四）控制要素

控制是指对管理的过程进行监督和检查，其目的是发现管理活动中的偏差，从而采取纠正措施，使管理按原定目标进行，或根据实际情况适当调整计划以达到预期的管理目标。控制工作是一个延续不断的、反复发生的过程，其目的在于保证组织实际的活动及其成果同预期目标相一致。管理工作者要根据客观情况的变化，对管理计划做适当调整，使其更符合实际情况。

高职院校在学生管理工作的具体实践中不仅要制定规划、政策和制度，还要建立完善的监督机制。任何科学决策要想落到实际工作中必须建立完善的管理制度，建立有效的监督机制，及时反馈信息。高职院校学生管理工作控制的主要对象是教育、管理和服务，这三种管理实践活动不单独存在，它们之间紧密联系，共同影响着高职院校学生管理工作的效能。

在评估指标方面，要建立教育、管理、服务相融合的指标。教学单位、行政部门、后勤部门作为高职院校学生管理工作实施的组织机构，如果忽视教育、管理、服务任何一种管理实践活动都不利于人才培养目标的实现。在评估主体方面，要求学生管理工作者与学生同参与评估，为学生管理工作提供最客观的评价。在评估时间方面，既要分学段评估，也要全学段评估，并且将各个学段的评估结果进行比较，将分学段的评估结果与全学段的评估结果进行比较，对学生管理工作进行全面的分析。

六、高职院校学生管理的价值

（一）对学生的价值

学生管理是学校管理的核心，所有的学生管理都是为了使学生在学校能享有更好、更舒畅的学习生活环境。学生管理制度是否健全、管理内容是否科学全面、管理方式是否恰当等都对学生的学习水平与成长质量有着直接影响。良好的学生管理制度能引领每一个学生全面健康的成长，能帮助学生树立正确的价值观、养成正确的道德价值取向；同时，也能充分保证学生在学校的主体地位，让学生在学校的管理之下，既能达到内化的自我约束，又不因过于死板的管理而失去创造力，使高职教育阶段的人才培养符合社会对人才的要求。

(二)对学校的价值

学校的管理水平和教学质量都与该校的学生管理水平和质量密切相关。如果学校具有良好而有效的学生管理制度,就可以提升学校学生管理的水平与质量,从而降低教师的工作量。同时,学生管理工作也有助于良好学风校风的养成,从而提升学校的知名度。

七、高职院校学生管理的常用方法

高职院校学生管理的方法就是高职院校为实现学生培养目标而在德、智、体及其他方面所采取的具体方式、步骤、途径和手段,较为重要且常用的有以下几个。

(一)调查研究

高职院校学生管理的调查研究方法,就是在开展高职院校学生管理时,要经常性地、全面地、客观地对学生的实际情况进行调查、了解与分析,以便以此为依据及时采取相应的措施来促使高职院校学生管理工作取得实效。

高职院校学生管理在运用调查研究这种方法时,要想取得良好的成效,必须做好以下几方面的工作。

第一,在对高职院校学生进行调查研究时,要对调查对象、调查目的、调查方法等进行科学合理的规划,切不可临时应付、草率从事。

第二,在对高职院校学生进行调查研究时,应坚持实事求是的原则,切不可被囿于条条框框或是别人的指示、意见等。

第三,在对高职院校学生进行调查研究时,要切实从马克思主义的立场、观点、方法出发,对调查材料、调查事物进行合理的分析与研究。

(二)建立规章制度

高职院校在开展学生管理工作时,建立科学有效的规章制度也是一个十分有效的方法。高职院校在建立规章制度时,以下几个方面要特别予以注意。

第一,高职院校所建立的规章制度应与教育规律和德、智、体、美、劳培养目标的要求相符合。

第二,高职院校所建立的规章制度应与高职院校学生的身心发展特点以及发展现实相符合。

第三,高职院校所建立的规章制度应能够随着高职教育发展的深入以及院校自身发展的实际而不断得到丰富与完善。

（三）实施行政权限

高职院校学生管理的实施行政权限方法，就是高职院校按照高职院校学生管理的目标、内容制定一系列规章制度、执行措施和高职院校学生行为规范，用行政方法进行管理，并通过相应的管理部门及其人员和师生员工实施检查监督，从而使学生集体或个人的活动达到管理的目标要求。具体来看，高职院校学生管理在运用实施行政权限这种方法时，可以借助于以下两个有效的形式。

1. 表扬

高职院校在开展学生管理工作时，对于那些遵守管理制度、行为符合规范的集体和个人，应适时、适度地进行表扬。

2. 惩罚

高职院校在开展学生管理工作时，对于那些违反管理制度、行为不符合规范的集体和个人，应适当进行惩罚，以便其能够认识到自己行为的不足，继而改正自己的不良行为。

（四）运用经济手段

高职院校在开展学生管理工作时，适当地运用经济手段也能够促使工作取得良好的成效。例如，在高职院校学生管理活动中，对学生给予必要的物质奖励或惩罚就是经济手段。通常来说，高职院校学生管理在运用经济手段时，需要与行政方法进行有效的配合。这是因为，高职院校在开展学生管理时，如果只重视用经济手段而忽视日常的教育和引导、忽视行政管理的作用，很容易导致经济手段无法发挥出最大的效用，继而使高职院校学生管理无法达到预期的目标。

第二节　高职院校学生管理的对象与任务

一、高职院校学生管理的对象

所谓管理对象是指"管理活动的承受者"。随着人类认识的深化和管理的科学化、复杂化，不同时期的不同学派对管理对象有不同的见解：一是指管理活动所作用的各种具体对象。最初是人、财、物三要素，后增加了时间、空间，成为五要素，又增加了信息、事件，成为七要素。二是指管理活动所作用的特定系统，即把管理对象作为由多种因素组成的有机整体。系统与外界环境进行信息、能量、物质交流。高职院校学生管理作为高等学校管理工作的重要组成部分，其相对应的工作对象无疑就是高职院校学生，从广义角度来看，这些学生应包括所有在高职院校求学的学生，即专科生、本科生、硕士生、博士生等，因为这些人都是高职院校学生管理活动的承受者。高职院校学生管理牵涉到诸多知识体系，包括管理学、教育学、青年心理学、政治学、人才学等，因此，高职院校学生管理是一门综合性、政策性很强的应用科学。它具有自己独特的研究对象，这个对象就是学生管理活动本质的、内在的联系及其发展变化的规律。

高职院校学生管理作为学校管理的一个重要方面，同其他管理工作一样，都是以教育领域某一方面的特殊现象和规律为研究对象的，它必然要受到教育领域总规律的支配与制约。因此，它又不同于管理工作的其他分类工作，具有相对的独立性。人们只有既认识到高职院校学生管理工作与其他管理工作的密切联系，又认识到它与其他管理工作的不同特点，才能真正揭示高职院校学生管理现象本身所具有的特殊规律，使之成为一项具有特性并富有成效的管理工作。

作为一项管理工作，一般而言，总要有相应的学科知识作为其所依循的工作方针，而一门学科的成立必须具备一个必不可少的条件，即它必须具有一套系统的范畴体系。范畴体系既体现了研究的角度，也展示了研究的内容，同时又表明了其相互间的关系。因此，准确而恰当地表述高职院校学生管理学的研究内容，最好的办法就是确立这门科学的框架和范畴体系。

一般来讲，高职院校学生管理工作要研究的内容应涵盖学科理论的研究，方法论的研究，组织学的研究，学生管理制度与国家法律法规、中央相关政策、教育规律、教育法规、政治文明建设进程的相互关系、相关政策法规和知识系统的研究，以及学生成长规律、心理生理特点与管理工作的有机联系研究，青年群体之间相互作用关系与高职院校学生管理工作的互动共生研究。

二、高职院校学生管理的任务

高职院校学生管理工作的基本任务不仅包括研究学生管理学的相关体系，即研究高职院校学生管理工作与活动的知识系统理论，而且更重要的是这种研究必须着眼于寻求学生管理工作本身所蕴含的特殊矛盾，领悟和把握学生管理工作的运行规律，以更好地运用于学生管理工作的实践之中，有力地推动高职院校学生管理工作。高职院校学生管理工作的主要任务包括以下几个方面。

第一，坚持马克思主义关于人的全面发展理论和党关于全面建设小康社会时期的教育方针，贯彻党的基本路线，以马克思主义、毛泽东思想、邓小平理论和

"三个代表"重要思想、科学发展观以及习近平新时代中国特色社会主义思想为指导，以马克思主义哲学原理为方法论，遵循党的教育方针和学校的培养目标，为培养全面发展的高素质人才服务。

第二，系统总结我国高职院校学生管理工作的经验和教训。学生管理是一种既古老又年轻的社会现象，它伴随学校的产生而产生，有着悠久的历史传统和崭新的时代内容。

第三，批判地继承历史上的高职院校学生管理工作遗产，借鉴国外学生管理工作的经验，吸纳教育学、社会学、政治学、青年心理学、系统管理学、文化学等相关学科的知识理论，构建具有中国特色的、符合时代精神的高职院校学生管理模式。中国是一个历史悠久的文明古国，先辈们在学生教育和管理中积累了丰富的经验，这是宝贵的历史文化遗产，我们应当批判地继承，做到古为今用。同时，还应大胆借鉴国外高职院校的学生管理工作经验，去粗取精、去伪存真、融会提炼、博采众长，做到洋为中用。这样才能构建起具有中国特色的高职院校学生管理理论体系，并以此来指导实践，形成高效的、有益于高职院校学生身心健康成长的学生管理模式。

第四，加强科学研究，注重实践探索，不断发展高职院校学生管理工作的理论体系，推动高职院校学生管理工作模式健康运行。尽管学生管理工作有着丰富宝贵的实践经验和悠久的历史传统，但就总体情况而言，它与不断发展的中国特色社会主义的形势和发展趋势还存在着某些不适应，还面临着许多亟待解决的问题，无论是从理论要求上，还是从实践需求上，都需要科学化、理论化、法制化、人性化等诸多方面的规范。因此，作为学生管理工作者，必须加强学生管理工作的科学研究，大胆探索、不断创新，切实把握新时期学生管理面临的新问题、新内容和新特点，努力用新方法、新思路和新手段去适应学生管理的新规律和新形势，使学生管理的理论与方式与时俱进，不断得到丰富和完善。

第五，以理论创新推动实践创新，促进学生管理工作的科学化、法制化和人本化。如何体现其管理制度的科学化、法制化和人本化，这是一个理论研究的问题，不仅需要研究法律学与青年学的相关理论，还需要研究管理学方面的理论，同时更应注重将管理学、法律学、青年学有机结合起来，形成理论上的创新，从而推动实践创新。因为，高职院校学生管理不是一般的管理，而是一种对青年的管理，这种管理是要将这些有着一定知识的青年培养成德、智、体、美、劳全面发展的人才的管理，换言之，这种管理的最高宗旨是要促进学生全面发展，使其成为国家的建设者和接班人。这就使学生管理工作牵涉一系列的理论研究与实践探索，这就是现实交给学生管理工作者的光荣而艰巨的任务。

第三节　高职院校学生管理的指导思想

一、管理理论思想

（一）目标管理理论

目标管理是管理学领域的专家彼得·德鲁克率先得出的，他在1954年便已经通过出版的《管理实践》一书中进行说明，在此之后，他又再次明确"自我控制与目标管理"的定义。他表示，并非参与工作才制定目标，应该是在制定目标之后再选择相应的工作。

目标管理的基本要义：一是企事业单位理应明确目标，以此指明自身发展的方向，并共同朝着同一目标奋进；二是企事业管理者决定着目标的走向和完成度，其有必要围绕既定的目标合理分配下属任务，把整体目标逐渐细分成不同部门的子目标，在此基础上合理高效地安排下级工作，促使每个员工都可以及时有效地完成相关工作任务，为整体目标的达成提供保障；三是高层管理人员应结合子目标的实际完成状况，衡量与评价员工绩效，并进行奖惩。

相较于传统的管理模式，目标管理具有以下优势：一是突出了人的主体地位，无论是目标的制定，抑或是目标的实现与完成，均倡导人的积极参与和职员主观能动性的发挥，强调了自我控制和民主管理；二是构建了由总目标、子目标等构成的多元目标体系，以总目标为核心，按照各部门或个体的职能合理分解，使之成为一个个具体化且衔接紧密的子目标，有效指导各部门工作的有序推进和高效完成；三是重视目标管理结果，其中强调管理人员应对员工获得的工作成果进行考核和评估，明确所有目标的实际完成状况，同时将其作为目标实施者的奖惩依据。

高职院校学生管理工作的开展一方面需要调动学生管理工作者的积极性，另一方面需要为工作团队制定目标，便于考核激励。

（二）民主管理理论

关于民主管理理论，它强调的是在管理中需秉承自由、平等、公开、公正等基本原则。民主管理是促使接受管理的人员积极加入管理之中，使其可以在实际管理之中发挥主观能动性，为达到管理目的提供保障的一种管理方法。在贯彻落实民主管理时，被管理人员需主动参与到管理之中，改变过去被动的状态，调整以往存在的逆反心理，全面激发被管理人员的积极性，确保人的各项心理要求得到充分满足，确保实际管理过程均保持和谐友好的氛围，有效提升管理的有效性。

民主管理理念具体反映在学生管理之中，对于高职院校来说，就是在对学生进行管理时必须秉承着"服务"理念，重视并尊重所有学生，结合学生的实际需要进行管理，满足不同层次学生的不同需求。实际管理环节还应促使学生的个性特长得以发展，有效提高学生的自我管理能力，使学生得到全面发展，最终达到教育的目的。

（三）人本管理理论

关于人是什么，哲学家和思想家有着不同的定义和理解。马克思哲学家认为人的本质是人的自然与社会属性的统一、人的共性与个性的统一。人的本质和形象在于他"生产什么和怎么生产"。以人为本是中国共产党全心全意为人民服务的根本宗旨和执政理念的具体体现，是历史唯物主义的发展观。人本管理理论主张人的主体性，高度重视"以人为本"的基本理念，提倡进行管理时必须高度重视人的独特个性以及基本权利，应全面发挥人所具有的积极性与主观能动性，让人具备自身的自主发展空间。值得注意的是，"以人为本"是未来的发展趋势。从人性出发来分析、考察人类社会中任何有组织的活动，就会发现人类社会中有一种较为普遍的管理方式，那就是始终将人性作为核心，根据人性的具体情况展开管理。

传统的学生管理机制忽略了学生的主体性和参与性，各项规定较为僵化、迂腐；而创新型学生管理制度更加人性化，全面贯彻了"以人为本"的管理理念，提高了学生管理工作的灵活性和针对性。毋庸置疑，面对着如今复杂多变、倡导个性的社会，创新型学生管理制度更符合新的教育发展形势，是一种更为高效的学生管理模式。

随着社会的发展，学生管理更加需要结合学生实际，从学生的角度出发，围绕学生的需求和想法，按照以人为本的理念开展高职院校学生管理工作，从而促使高职院校从学生健康成长的角度出发制定更为人性化的管理制度。

一线辅导员需与学生建立和谐的师生关系，解决高职院校学生在生活上和学习上遇到的问题，这样学生会更主动地与教师进行交流，为教师更好地开展思政教育提供助力。高职院校学生管理工作中除了需要建立和谐的师生关系外，还须尊重学生在管理方面的主体地位，帮助他们正确处理在学习与生活上遇到的问题，开展以学生为主体的管理工作，使学生的综合素质得到全面提升，从而实现学生个人价值与社会价值的统一。以人为本的人本理论在学生管理工作中是至关重要的。学生管理工作人员需要多从学生的角度考虑问题，解决管理学生中出现的问题，将人本管理理论运用到学生管理的全过程中并做到零失误，发挥好人本理论的作用。

在实践中，高职院校的工作人员理应正确认识学生管理工作，深入把握"以人为本"管理理念的内涵，并将其应用于实践中；要贯彻"学生全面发展"的根本目标，切实提高学生素质，促使学生具备优良的道德品质，激发学生的主观能动性，高效推进学生管理工作，切实提高高职院校学生管理效率。

具体而言，高职院校在开展学生管理活动时，要时刻把"以学生为本"放在重要位置，要贯彻落实人本管理的基本内涵，高度重视学生的主体地位，强化他们的自主管理意识，激发他们的创造潜能，以此促进学生全面健康发展，真正培养出社会所需、国家所需的高素质、高技能人才。

（四）管理方格理论

美国得克萨斯大学行为科学家罗伯特·布莱克和简·莫顿在1964年提出"管理方格理论"，他们认为该理论完美避免了企业管理者在领导工作中要么以生产为中心，要么以人为中心，要么出现两者互相结合的多种领导方式。他们把领导者对人和对生产的关心程度拆分成9种情况，在二维空间维度里面就有81种可能，也就是说，在维度空间里设计的管理方格图的81个小方格，分别代表"对人的关心"和"对生产的关心"这两个基本因素的多种领导方式。就管理方格理论而言，在高职院校学生管理中，管理一线人员——辅导员扮演着双重角色，他们既是学生思想方面的引导者，又是学生日常事务性管理工作的组织者、指导者和实施者。把管理方格理论引入高职院校一线辅导员对学生们的管理当中，可以将辅导员的工作分为事务管理和育人管理两大方面。根据管理方格理论，我们可以将辅导员对学生管理工作任务的关心度和对学生身心的关心度进行归纳分析。

（五）管理过程理论

管理过程理论是一种以管理过程与管理职能为研究对象的管理理论。管理过程理论认为，在组织中通过别人或者和别人一起完成工作的过程叫作管理。管理过程和职能是密不可分的，因而，可以把管理实践中运用的概念、原则、理论和方法结合起来，形成一门管理学科。

管理过程理论是西方的管理过程学派所倡导的一种管理理论。法国管理实践家、管理学家亨利·法约尔提出的管理的五种要素，事实上就是管理的五种职能。虽然 21 世纪初著名的会计学家、管理学家亚历山大·丘奇比法约尔早两年，即在 1914 年就提出了管理有五种重要职能，即设计、设备、控制、比较和作业，但丘奇所提出的这五项职能比较杂乱，不如法约尔提出的五种要素明确，而且法约尔提出的五种要素形成了一个完整的系统。管理过程理论对高职院校学生管理信息化而言具有十分重要的意义，学生管理是一个系统化的工作，涉及各个职能部门，需要各个管理部门通力合作，因此，开发一套多部门的信息化系统是有必要的，也是可行的。可以说，学生管理工作中需要运用管理过程理论，在学生管理实践过程中将事务性学生管理工作方法和原则结合起来，可以使学生管理工作更加高效、职责更加清晰。在管理过程理论的指导下对学生管理工作进行探究，对于高职院校学生管理的开展具有重要意义。

（六）无边界管理理论

美国企业管理家杰克·韦尔奇最早提出无边界管理理论，他认为应该打破企业管理中严格的层级制度，实现各部门之间的无边界沟通，通过数据共享，分享工作方法和技巧等，促使员工进行工作创新，使他们能够根据各部门的情况进行综合决策，对自己的工作结果负责，并为企业创造更多的效益，赢得相应的劳动报酬。

无边界管理思想在高职院校学生管理中的应用，主要体现在以下三个方面：一是打破物理边界，实现校内外的融合。高职院校应该推倒"围墙"，应该和所处的社区进行融合，打破学校的界限，通过与政府的合作、与产学研的合作，拓宽高职院校的边界，将课堂外的实践知识与课堂内的理论知识结合起来，相互影响，相互促进。二是高职院校内部也要打破部门之间的隔阂，将人事、教学、科研、学生管理等职能部门联合在一起，形成有效的联动。三是高职院校互联网平台的融合发展。随着信息技术的快速发展，高职院校管理中运用了互联网技术，将学校的信息资源进行共享。高职院校学生可以借助网络平台获取所需要的信息资源，可以通过网络课程或是虚拟大学学习自己感兴趣的专业知识。网络教育的发展突破了高职院校的边界，通过网络可以将其他院校的资源为我所用，通过优势互补，形成良好的互动效应。

（七）学生自主管理理论

学生自主管理是学生管理的一种具体模式，它指的是学生在管理者的指导下，通过自我设置目标、自我约束、自我教育以实现自我发展目标的一种教育管理模式。美国学者彼得·德鲁克认为，"自主管理"是自己管理自己的工作或学习任务，并且对自己所选择的任务负责，是一种自我控制能力的体现。他将自主管理分为"自我观察、自我判断、自我反馈"三步，即单个个体先是自己观察并注意自己的行为，并用一定的标准衡量自己的行为是否合理，最后对自己的行为给予相应的奖励或处罚。这种教育管理所期待实现的目标是，作为被管理者的学生在自律的前提下，由自信走向自主，由自主走向自立，由自立走向自强，最终达到从自强走向自如，即形成适应社会发展、推动个体进步的意识和能力。学生自主管理，更准确地说是一种管理思想，是对学生充分授权，让其产生责任感，从而激励个人学习的自主性的管理思想，在实施教育管理的过程中更注重人性要素，更注重学生潜能的发挥，更注重学生个人目标与班级及学校目标的内在统一，并在其中实现学生的个人追求。因此，学生自主管理不仅有利于学生的终身发展及整体素质的提高，也有利于学生独立人格的形成。

学生自主管理是当代学生自主发展教育的重要组成部分之一，它的实施需要良好的环境与氛围以及多样化的健康活动作为载体，需要人性化的制度作为边界，需要全面、客观的评价机制作为保障，否则，就难以得到贯彻与实施。

二、归因理论思想

归因理论主要是围绕某一社会现象或行为推断与揭示其出现的原因，该理论最早由奥地利学者海德提出。后来，美国著名的认知心理学家伯纳德·韦纳基于已有研究做出补充，从而得出"成败归因理论"。他认为，和人们成败有关的因素一般包括六个：一是胜任力，即个体胜任某一项任务的基本能力；二是努力，即个体在执行任务时是否尽心尽力，是否全身心投入；三是任务难度，即个体根据历史经验判断该任务的难易程度；四是运气，即个体在执行任务时是否有幸运的成分存在；五是身心状况，即个体在完成工作时的生理状况和心理素质；六是其他因素，即除了上述五大影响因素之外，其他能够决定行为成败的因素，包括是否接受了他人的帮助、是否存在不公平竞争等。同时，韦纳还进一步地指出，个人对行为成败的理解与看法将会决定其日后的行动轨迹。具体而言，如果学生考试失利，并将这种失败归因为自身能力不足，那么面对下一次考试，他的自信心将会急剧下降，仍然会定性认为考试结果不佳；若是学生认为考试失败是由于运气所致，则之后的考试依旧会抱有侥幸心理，认为可能存在成功的概率。

对高职院校学生管理工作所出现的问题进行正确的归因，有利于帮助管理者找到正确的解决思路，这是新的高职教育发展形势下有效可行的学生管理工作方法。

三、组织理论思想

组织中包括高职院校，但高职院校有别于一般的组织，兼具两种特性：一是行政属性，二是学术属性。想要分析高职院校学生管理方式，就要先对高职院校进行定性，即高职院校为组织形式的一种。可以将现代组织理论运用在分析过程中，该理论中有不少方面的内容可以增加立论分析的实用性和可信度。具体而言：一是突出群体功能的作用；二是注重对"人"的管理和激励；三是内部协同合作；四是外部环境和组织间的内在联系；五是组织可以通过何种方式将外部环境为自身所用。基于上述阐述，组织内部结构分析及其组织有效发展战略的制定等均会涉及现代组织理论中的内容，有利于高职院校学生管理的立论分析，使理论研究不致空泛。

四、资源配置理论思想

资源配置理论主要是指对相对稀缺的资源通过使用、比较和相应的选择进行配置，强调的是将资源按照一定的规则组合排列并合理分配。高职教育资源配置可理解成两方面的含义：一是强调对高职教育所需资源加以分配，如人力、物力、信息交互、时间成本等；二是内部财政资源的分配。就形式层面来讲，高职教育资源包括物质形式、运动形式、思想形式三种。就配置层次视角分析，高职教育资源的配置需要根据教学实际情况来设计分配计划，具体分配方式有三种：一是计划型配置；二是市场型配置；三是将上述两种方式加以结合的综合型配置。就国家视角来分析，资源配置理论对资源的高效重组和分配具有关键作用，可以使资源分配相对合理，能够改善高职教育的水平，提升教学档次，使高职教育区位资源分配更加科学，减少教育区域资源的不均衡。就高职院校层面分析，该理论在如下问题中会有所涉及，如师资力量安排、教育资源重组、资源利用等方面，对高职院校学生教育管理的研究具有一定的指导意义。

五、需要层次理论思想

亚伯拉罕·马斯洛是美国著名的比较心理学家和社会心理学家，他提出的需要层次理论是著名的人本主义科学理论之一。马斯洛认为，人类的需要是分层次的，如果按照从低级到高级的顺序可以将人的需要划分为生理需要、安全需要、情感和归属的需要、尊重的需要和自我实现需要。上述五种需要所获得的满足是有先后顺序的，即先满足低级需要，然后才能满足高一级的需要。如果低级需要不能得到满足，人将无法出现较高级的需要。生理需要指的是人们最基本的需要，包括食物、空气、水、呼吸、睡眠等，人类的生理机能在任何一项需要未被满足的情况下都无法正常运转；安全需要包括人身安全、健康保障、财产所有性、资源所有性、道德保障和工作职位保障；情感和归属的需要包括友情、爱情和亲密性；尊重的需要包括自我尊重、信心、成就、对他人尊重和被他人尊重；自我实现需要包括道德、创造力、自觉性、问题解决能力、公正度和接受现实的能力。

  马斯洛的需要层次理论在管理学中有着广泛的应用，是高职院校学生管理的理论基础之一。人都潜藏着这五种不同层次的需要，但在不同时期表现出来的各种需要的迫切程度是不同的。在高层次的需要充分出现之前，低层次的需要必须得到适当的满足。第一，高职院校要满足学生在校期间的生理需要，即保障学生的衣食住行需要。第二，高职院校要保障学生的安全需要，即确保学生在校内的人身与财产、环境的安全。第三，高职院校要满足学生的情感和归属的需要，即要让学生从学校的学习与生活中得到爱，从集体生活中获得归属感。第四，高职院校要满足学生在校期间的尊重的需要，即学生要得到他人包括教师的尊重和自我尊重。第五，每个学生都有自己的理想与目标，这是促使高职院校学生努力学习的内在动力，也是马斯洛需要层次理论中的最高层次。高职院校学生的教育过程可以看作各层次需要得到满足的过程；个体的心理和行为动力可以视作个人需求在人脑中的反应。由于高职院校的学生管理的内容较为丰富、立体，若想促使管理工作达到更科学、高效的水平，首先就要了解学生各种行为产生的深层次原因，然后根据学生产生问题的原因有针对性的加以解决。所以，在针对高职院校学生定制管理方式和管理内容时，应加强对马斯洛需要层次理论的认识，考虑学生在各阶段的突出需要，只有这样才能使管理更具针对性和有效性。

第四节 高职院校学生管理的现代转向

  随着网络信息技术的发展，现阶段学生管理所体现出来的特征，对学生管理工作的开展产生了一定的影响，并使其向着以下方向发展。
  一方面，传统的学生管理模式下，学生管理部门运行不够灵活，常出现管理思路僵化、管理制度落实不到位、管理方法单一等现象，而以网络信息技术为基础的学生管理作为一种全新的管理模式，对学生管理提供了新的管理思路。在开放式的网络环境中，各类网络平台多不胜数，学生能够轻而易举地使用各平台的诸多功能，学校也能够通过某些网络平台开展学生工作，如组织学生的娱乐活动、开展学习活动等。同时，网络信息技术也已广泛应用于学生管理工作中，学生管理系统能够帮助学校全面了解学生，社交通信软件可以帮助师生互联，娱乐软件有助于师生文娱活动的开展。

另一方面，结合时代以及高职教育的特点，高职院校在实际进行管理时，需运用前沿的学生管理理念，进一步强化政府的引导职能，这对于高职院校学生管理模式的完善和优化将具有积极的促进作用。

在这种背景下，高职院校可以从以下方面着手进一步推动学生管理工作的创新与发展。

一、加强学生管理信息载体软硬件资源建设

面对网络化时代所带来的机遇和挑战，高职院校学生管理工作迫切地需要解决管理中存在的低效问题，此外，可通过引入人本管理理论和目标管理理论指导学生管理工作的开展，找到提升学生管理有效性的对策。

现如今，高职院校的工作方法逐步向网络管理靠拢，但是从高职院校的实际教学形势来看，其理应实现网络管理与传统管理的融合，依托互联网的作用，创新管理方法，丰富管理手段，拓宽管理思路，打开学生管理工作的新局面。

（一）完善校园无线网络覆盖

目前，高职院校学生主要依赖于 4G、5G 网络和小型 WiFi 的模式获取网络信息。绝大多数学生使用移动通信运营商提供的网络包来消耗数据以将其移动电话连接到互联网。即使手机硬件设备和软件系统不受时间和空间的限制，但是移动电话的互联网接入位置的信号覆盖范围应该受外围条件的限制。当移动互联网接入环境不好时，移动互联网访问将被阻止。与此同时，移动互联网数据包的价格由市场经济决定。由于网络流量套餐的费用不低，一些高职院校的部分学生由于家庭贫困无法大量使用流量包，导致他们无法正常上网。而且 5G 手机并没有完全普及，大部分学生还是使用的 4G 手机，目前 5G 流量的价格也有点儿高，而 4G 流量的网络体验感不是特别好。随着手机网络普及的持续改进，移动互联网终端对年轻的学生群体的影响越来越大，高职院校学生对移动电话网络的需求逐渐增加。高职院校如果希望通过手机网络平台进行学生管理，那么他们应该进

行相应的投资，如扩大校园式移动 WiFi 覆盖范围，使高职院校学生可以通过校园提供的网络资源访问互联网，这不仅可以减轻学生只能通过消耗手机数据实现移动互联网访问的问题，而且还提高了高职院校学生对学校的硬件环境建设的认可度。与此同时，高职院校也可以配备安全监控设备，可以合理地监督高职院校学生的移动电话互联网使用行为，并及时发现和纠正学生的不良网络言行。

（二）增加多媒体管理软件设备的投入

高职院校学生管理工作的开展不仅需要信息技术的完全支持，更加需要新技术和新媒体的技术支持。因此，学校应增加购买信息技术设备的资金，促进校园信息化的发展。高职院校学生管理工作信息化不单单是在现有的基础上增加了计算机数量，也不仅仅是添加多媒体设备或是管理信息系统软件等来提高学生管理人员的日常工作效率，而是从根本上优化高职院校学生管理信息化。学生管理软件设备的投入，如疫情防控期间运用的企业微信请假审批功能十分方便快捷，能够第一时间掌握学生所在的位置和去向。高职院校的学生信息化管理如需要重大突破，就必须大力度引进类似于这样的管理软件，只有这样，学生管理信息化程度才会不断提高。这样的软件实实在在地方便了学生，也方便了辅导员老师，学生和老师对软件的认可度也比较高，老师和学生的沟通变得更加密切，拉近了师生关系。

（三）维护网络信息安全

学生管理信息化建设正在飞速发展，与此同时，相对应的网络安全也成了最大的问题。高职院校学生管理信息化过程中设置信息系统安全等级保护这一项工程是巨大的、复杂的、耗时的。在具体实践过程中高职院校应从多方面加强信息安全保护：一是在学校的信息系统软硬件方面，既要按需购买硬件设备，如网络防火墙、入侵检查系统等设备，也要在各信息系统的使用过程中设置严格的等级权限，给各个职能部门分配适合该部门的职能和权限要求的账号，避免各部门权限交叉重叠的情况出现。二是在信息化学生管理工作人员方面，要让具有管理员权限的工作人员充分认识到自己身上的责任，提醒他们在日常的工作之中注意保护好账号的安全，以防泄漏。三是要从安全保护制度方面下足功夫，在相关规章制度上重视信息安全的保护，明确打击危害信息安全行为的态度，严厉处罚因为工作疏忽而造成信息泄露的内部人员和恶意入侵学校信息系统的外部人员；同时，加大对私自盗用学校系统账户来牟取非法利益的学生的惩罚力度。集合这三点，同时用力，从各方面确保学生管理信息化的安全，严防信息泄露。

二、搭建多元微媒体平台，加强师生互通

处于网络化时代，学生可以借助网络完整、快速地了解全世界各类信息，获取各类知识，学校亦可借助网络进行学生管理工作，如信息公布、信息搜集、师生互动等。但是，便捷的网络同时催生出多种类型的网络游戏和各种娱乐方式，短视频、网游等严重挤占了学生的学习与生活时间，甚至剥夺了部分学生对现实生活的感知，使其沉溺于网络，不知道如何与人交流，不具备较强的人际交往能力，导致他们身心俱疲、学业下滑。学生在网络中接收各类有用信息的同时也可能浏览大量的垃圾信息，从而导致自身的人生观与价值观被错误引导。互联网背景下，信息得到迅速传播，这很容易影响学生的学习和生活，消极的互联网信息会对学生的价值观念和思想动态产生不良影响，这进一步增大了学生管理工作的难度，导致管理工作愈发复杂。

当前，社交媒体平台不断发展壮大，成了网络时代不可或缺的沟通交流工具，同时也成了备受当代高职院校学生推崇与喜爱的社交工具。在学生管理工作中，通过微信公众号、贴吧、网络平台、学生管理系统可发布多种信息，实现信息的及时更新和共享，便于学生与管理者之间的信息互通。

通过学生管理系统完成学生信息的录入、处理和输出，在一定程度上方便了学生档案的管理，为学生管理工作提供数据支持；通过网络信息技术支持班级管理，通过QQ群、微信群和学生管理系统的有关功能，及时对外发布和班级活动相关的各类信息，获取班级内部所有学生的基本信息，以保证师生、学生相互间的交流互动；开设辅导员工作邮箱以及在线心理咨询室等平台，确保教师和学生之间保持良好的沟通，对学生出现的心理异常情况及时进行关注，并提供必要的疏导；通过构建校园网信息交流平台，让学生能够自由发表自己的意见，并对学生高度重视的就业以及情感等问题进行回复，为学生答疑解惑；辅导员还必须充分利用互联网中的各项开放性功能，制订科学的活动方案，开展各类调研、宣传以及主题实践教育，例如，通过组织主题征文以及开展网络问卷调研等方式明确高职院校学生的思想动态并对其进行分析。

总而言之，高职院校要积极地引进新媒体，要借助媒体强大的辐射力、广阔的覆盖面和多元的功能，创新学生管理模式，发挥其教育服务职能，从而达到提高学生管理效率的目的。当然，为了保证微媒体平台充分发挥作用，高职院校还需要配备专门的人员维护好微媒体设备。

三、强化政府引导职能

（一）做好校企合作的政策引导，落实校企合作

2018年2月，我国正式出台《职业学校校企合作促进办法》，对高职院校校企合作的措施、方式、监管等进行了规定。为了促进职业学校与企业合作，《职业学校校企合作促进办法》从多方面给予了支持。对于地方政府来说，《职业学校校企合作促进办法》要求地方人民政府有关部门在制定产业发展规划、产业激励政策、脱贫攻坚规划时，应当将促进企业参与校企合作、培养技术技能人才作为重要内容，加强指导、支持和服务。教育行政部门应当把校企合作作为衡量职业学校办学水平的基本指标，在院校设置、专业审批、招生计划、教学评价、教师配备、项目支持、学校评价、人员考核等方面提出相应的要求；应当鼓励和支持职业学校与企业合作开设专业，制定专业标准、培养方案等。《职业学校校企合作促进办法》系统规定了地方政府在统筹校企合作上的具体职能，尤其是在企业权益与社会责任方面明确了地方政府的政策空间，有利于各地形成与区域经济发展特征紧密对接的针对性政策举措。

高职院校学生的就业指导是学生管理中的重要部分，也是高职教育的育人目标之一，在管理实践中，政府教育行政部门重视加强就业指导，举办就业招聘会，邀请企业进校做讲座，鼓励企业与职业学校联合办学，帮助学生做好职业规划，为学生提供职业选择，带动学生与社会的融合。

（二）完善技能竞赛的激励政策，调动学生参赛的积极性

学生职业素养的培养仅依靠教学工作难以实现，应作为学生管理的日常工作来开展。多数院校以学生社团和校园活动为技能大赛的依托，更有利于职业技能竞赛的日常化，使其充分融入学生的学习生活，帮助学生树立竞争意识、感受职业氛围。

政府相关部门根据行业发展动态，积极联合职教集团和行业协会共同组织各种类型以及各种层次的职业技能竞赛，加大职业技能竞赛的扩散面，保证更多的学生能够参与到职业技能竞赛中；加强对职业竞赛的监督力度，确保竞赛的公平、公正、公开，提升竞赛含金量；增加对获奖学生的奖励措施，如获得优质企业的实习机会、获得创业扶持政策等；通过多种激励措施带动更多的学生参与竞赛，让他们在竞赛中得到交流沟通能力、团队合作能力、计划组织能力、抗压抗挫折能力以及应变能力的锻炼，最终提升其职业素养。

（三）创新人才引进政策，建设高水平学生管理队伍

现如今，我国迎来了全新的高等教育创新变革浪潮，人们对职业教育保持高度关注，在未来，高等职业教育必将迎来更高层次的发展。对于高职院校来说，若要切实提升教学质量，就应注重自身人才队伍建设，除了高职院校自身应强化人才引进措施外，政府对于人才引进也有着不可推卸的责任，两者应共同做好人才引进工作，推动高职院校的可持续发展。

为了提高学生管理的水平，高层次的学生管理人才成为关键。高职院校要重视学生管理人才的引进措施，政府应结合当地及高职院校的实际情况，在政策方面应加强对高层次人才的吸引力度，尤其是部分经济发展较慢的区域，对于高层次人才来说缺乏吸引力，应制定可以短期吸引人才的相关政策。基层政府需充分发挥区域优势来引入高层次人才，加大对于当地政府人才引进政策的宣传，可利用各大优质招聘平台做好人才引进宣传工作，使高层次人才更加了解当地政策，激发他们的工作兴趣，并且还应为高层次人才在子女教育、住房、家属工作安排、医疗等方面提供优质政策，提高当地政府的人才吸引力。

第二章 高职院校学生管理的历史沿革

进入21世纪,高等教育的环境和教育对象都发生了深刻的变化,高职院校的学生管理工作面临着重要的任务:一方面要继承传统,另一方面则要不断地进行创新。为了使高职院校的学生管理工作适应社会现代化建设的需要,培养符合时代发展要求的建设者和接班人,有必要对高职院校学生管理工作的历史发展及其面临的机遇与挑战进行简要的梳理和总结。本章分为高职院校学生管理的历史发展、高职院校学生管理面临的机遇与挑战两部分。

第一节 高职院校学生管理的历史发展

一、高职院校的发展历程

(一)发展阶段

我国的高等职业教育源远流长、历史悠久,高等职业院校的发展经历了实业教育的建立、职业教育的兴起和高职教育的发展三个阶段。

1. 实业教育的建立

鸦片战争后,清政府出现了以李鸿章、左宗棠、张之洞等人为代表的洋务派,他们主张学习西方的科学技术,开设了中国近代最早的专科学校——实业学堂。实业教育被晚清政府纳入1902年(壬寅)和1909年(癸卯)制定的现代学校教育的学制体系,尤其在癸卯学制中,实业教育不仅有初、中、高三种不同层次,而且与普通教育完全并列,其中高等实业学堂相当于今天的高等职业教育,具体分为高等农业学堂、高等工业学堂、高等商业学堂、高等商船学堂四科。实业学堂的教育宗旨是"意在使全国人民具有各种谋生之才智技艺,必为富国富民之本",高等实业学堂招收18岁以上的、中学毕业生或同等学力者,分本科和预科。各学堂因专业不同,修业年限也各不相同。高等农业学堂、高等商业学堂预科一年,本科三年；高等工业学堂，不设预科，本科三年；高等商船学堂分航海科和机轮科，前者为五年半毕业，后者为五年毕业。在癸卯学制中，高、中、初实业学堂是衔接相通的，低一级学堂的毕业生可直升高一级同类专业的学堂。

2. 职业教育的兴起

1912年1月，蔡元培任教育总长，改实业学堂为实业学校、改高等实业学堂为专门学校，办学宗旨是"教授高等学术，养成专门人才"，门类从农、工、商、船扩展到政法、医药、美术、音乐、外国语等九类。1917年4月，黄炎培联合梁启超、宋汉章等人在上海创立中华职业教育社，1918年创设上海职业学校与《职业与教育》杂志。

1922年(壬戌)颁布新学制，将过去的实业学堂、实业学校一律改为职业学校，原在高等教育等级上的实业教育仍为专门学校；"壬戌学制"让职业教育制度取代了实业教育制度，确立了职业教育在学制中的地位。

1928年，在南京举行的第一次全国教育会议对"壬戌学制"进行了修订，改专门学校为专科学校，这是中国"专科学校"的开端。

1929年7月，政府颁布的《专科学校组织法》规定，专科学校以"教授应用学科，养成技术人才"为宗旨，招收高中毕业生或同等学力毕业生，并招收同性质的高级职业学校的毕业生，学习年限为2～3年。修订后的"壬戌学制"一直沿用至中华人民共和国成立前。

3. 高职教育的发展

1978年12月，以中共十一届三中全会为标志，我国成功实现以经济建设为中心的战略转变。全国各地各条战线急需大量有文化、懂技术的劳动者，由国家统分的高等专门人才无法满足社会需要，一些大中城市开始兴建学校，为本地培养人才，短期职业大学应运而生。

20世纪八九十年代，我国高职教育正处于探索与试点阶段。在这一阶段，高职教育虽然在规模上发展并不快，但是教育部在"什么是高职教育？高职教育应该如何发展？高职教育应由哪个部门来管理？"等基本问题上逐步达成了共识。这一阶段的探索和试点主要在原国家教委的推动和规范之下进行，是有为政府模式形成的奠基阶段，可以总结为以下五个方面：第一，中心城市创立了120多所短期职业大学，但没有办出职业教育特色；第二，原国家教委批准上海电机制造学校等23所学校开展高职教育试点；第三，国务院确定"三改一补"方针，即通过改革、改组、改造一批职业大学、职工大学、成人高等学校、高等专科学校来发展高职教育，在不能满足需要时，允许部分重点中等专业学校组建高职学校；第四，针对发展乱象，原国家教委在 1997 年和 2000 年两次对高职学校设置标准进行规范，并将高职学校设置权力下放到省一级政府；第五，政府部门从 1995 年至 2004 年先后推动示范性职业大学、示范性高等工程专科学校、示范性职业技术学院等多批次示范学校的建设，较大程度上推动了高职教育的发展。

20 世纪 90 年代末至 21 世纪初，我国经济高速发展对高层次技术技能型人才提出了越来越强烈的需求，因此，2005 年中央政府决定加大国家政策和财政支持力度，有为政府模式开始形成。此后十余年推动教育发展的政府部门两次升级，从司级升到部级，再升到国家级。政府提出的发展计划和改革政策接连出台，资金投入力度迅速加大，使得政府的大力推动成为这一阶段高职教育发展模式的主要特征。

2006 年 11 月，教育部颁布的《教育部关于全面提高高等职业教育教学质量的若干意见》明确指出："高等职业教育作为高等教育发展中的一个类型，肩负着培养面向生产、建设、服务和管理第一线需要的高技能人才的使命，在我国加快推进社会主义现代化建设进程中具有不可替代的作用。"同时，我国开始实施被称为"高职 211 工程"的"国家示范性高等职业院校建设计划"，从 2006 年到 2015 年，100 所"国家示范性高等职业院校"和 100 所"国家骨干高等职业院校"相继建设完成。2019 年 1 月，国务院颁布的《国家职业教育改革实施方案》提出"推进高等职业教育高质量发展"的要求，把高职教育推向了高质量发展的新阶段。2021 年 10 月，中共中央办公厅、国务院办公厅颁布的《关于推动现代职业教育高质量发展的意见》对高职教育高质量发展提出了更加具体的要求和发展规划。可以说，我国现阶段的高等职业教育和高职院校进入了一个前所未有的新的发展阶段。

（二）发展经验

1. 以产业需求为目标

回顾我国职业教育的发展历程可发现，保障产业需求是高职院校的主要目标。新中国成立之初，工业企业主要集中在东北与华东地区，而两地的生产标准存在较大差异。为便于管理，我国参照苏联经验，设计出全新的生产管理标准，并借助职工夜校、厂办技校等职业培训机构向基层推广。20 世纪 60 年代开展的三线建设从客观上带动了中部地区的工业建设，为满足产业需求，各地纷纷建立起职业培训学校。改革开放后，我国的工业产能逐步对接世界需求，为同步对接生产标准，我国依托原有的职业培训体系，迅速发展起具有现代意义的职业教育，并形成了中职、高职二元结构的职业教育体系。借助该体系，产业发展过程中的人才需求可得到满足。

加入WTO后，我国在短期内实现了产业升级，低端制造业逐渐流向东南亚等地。为促进中高端产业的发展，以培养高级应用型人才为目标的高职院校进入了高速发展期，东部地区的多数地级市均开办了高职院校。纵观我国职业教育的发展历程可发现，东部地区的高职院校将支持地方经济与产业发展视为办学目标。这一理念与西方职业院校的办学目标存在一定差异，会使学生在就业环节遭受更多考验。但从宏观视角分析，产业发展可间接促进学生就业，因此，伴随高职院校的发展，当地的产业环境将得到优化，相关企业将在此投资，可带动学生就业。

2. 以产教融合为支撑

观察国外高职院校的办学经验可发现，产教融合可为高职院校提供巨大支持，教学模式、师资建设、学生就业渠道均将因此得到提升。但现代工业更加依赖信息技术与机械，可能提供的就业岗位极其有限，而我国人口规模庞大，高职院校的招生规模也远超国外同类学校，万人规模的院校并不罕见。能为此类院校提供支撑的大型企业较少，多数高职院校需另寻策略。总体而言，我国高职院校的产教融合策略可大体分为三类。

第一，大部分高职院校是由企业主导办学或通过校企股权交换的方式办学的。其中规模较大的企业可承办一所高职院校，借助企业资源，该校重点专业的毕业生可获得就业保障。规模较小的企业可与高职院校联合建设某一专业。例如，安徽省某职业学院与当地一家民营连锁食品公司合作开办培训班，班级内的学生可在该公司实习，并在毕业后获得劳务合同。

第二，部分高职院校会结合项目教学法，组织师生在对应企业寻找合作项目。例如，山东某校动漫影视专业的教师组织学生成立项目小组，该小组会以较低的价格承接动漫及影视作品的后期制作。在这一过程中，学生的专业能力可得到磨炼，职业竞争力将得到提升。

第三，具备条件的高职院校也会集结自身力量，建立校属企业。例如，江苏省某外语学院与专业管理团队合作成立翻译公司，其中专业团队负责公司的日常经营，外语学院负责提供人力资源与专业指导。借助这一模式，在校师生的专业能力均将得到磨炼。

3. 以师资建设为抓手

教师承担着教学工作的主体责任，学生就业、产教融合等工作均依赖于教师的参与。有鉴于此，在我国的东部地区，高职院校更加关注师资队伍建设。高校教师的社会地位较高，对于优秀人才的吸引力较大，因此，东部高职院校的人才储备更为丰富。由于人才基数更大，因此，东部地区高职院校的师资队伍的发展潜力高于中西部地区。同时，东部地区的教师培养体系更加完善，适合教师锻炼的同类企业更多。由此可见，东部地区拥有良好的教师培育土壤。

从内部管理视角观察，东部高职院校对于师资队伍建设的重视程度普遍较高，建设工作通常从以下三个方面展开。首先，严把选才关。通常高职院校会从学历、职业经历、个人品德等多个层面对应聘教师做出考核。考核通过的教师必然是青年翘楚，教学质量将获得保障。其次，强化内部培训。我国高职教师通常毕业于师范学院或专业院校，专业经历相对较少。为弥补短板，高职院校会加强在职培训。例如，部分高职院校会组织教师利用假期时间进入企业内部进行短期培训，具备条件的高职院校也会组织青年教师参加国外学习。类似的培训过程必将提升青年教师的综合素养，同时该校的教学质量也将得到提升。最后，高职院校会建立严格的内部考核机制，未通过考核的教师将被更优秀的教师取代。综合分析，东部地区的人力资源更加丰富，师资队伍建设的困难更少。

4. 以教研体系为载体

教研体系可被视为承载学院发展的重要载体，教研体系的完善程度与应用效果会对高职院校的办学质量产生直接影响。总体来看，我国东部高职院校的教研体系相对完善，管理工作更加成熟。

首先，东部高职院校对于科研体系的重视程度更高，相关投入远高于中西部地区，具备较强科研能力的国家示范性高职院校更是具有超过一般本科院校的科研能力。同时，科研实力也可对高职院校的产教融合与师资建设提供支持。

其次，部分高职院校会为学生设置为期一年的企业实践课程。这一教学模式类似于德国的"3+1"模式，学生可在学习阶段掌握企业内部的生产标准，并进一步适应企业的工作环境。同时，借助校外实习，学生可同步扩展就业渠道。

最后，东部地区的社会观念更加开放，人文与思政教育的开展难度更低。在上级部门的号召下，多数高职院校的思政教育得到有效开展，学生的精神面貌焕然一新。帮助学生形成正面、积极的价值观不仅有利于社会发展，也可提升学生的职业竞争力。

5.办学经验汇总

与国外不同,促进产业发展、提振地方经济是我国高职院校的办学目标。在这一目标的引领下,多数高职院校会结合自身情况完善办学理念,相关经验如表2-1所示。

表2-1 办学经验汇总

产业环境	大型企业少、对于高职院校的支撑不足
就业渠道	1.校企合作;2.创新创业
产教对接	1.与企业合作办学,共享收益;2.合作开办企业
师资建设	1.依托人才基数,严格考核;2.加大培养力度,提升教学质量
教研体系	1.加强科研投入;2.强化人文与思政教育;3.采用"3+1"教学模式

如表2-1所示,我国的就业形势依然严峻,多数学生难以寻找到理想的就业岗位。我国高职院校以增强学生的职业竞争力为主要诉求,通过经济融合带动产教融合,倾尽全力为学生打造更为有效的实习场景。同时,依托丰富的人才储备,我国东部高职院校同步实施严格考核与精准培养,以此优化师资队伍。在此基础上,高职院校的教研体系建设也将得到同步加强。

二、高等院校学生管理的发展历程

我国高等院校学生管理的发展实际是一个动态延伸和拓展的过程,其目的、内涵与功能随着社会环境的变化而不断更新、丰富与完善。若从1949年开始建立社会主义高等教育体系算起,我国现今的高等院校学生管理历史长达70余年。系统回顾这段时间内高等院校学生管理的发展演变,可发现其历程总体上可划分为三个主要阶段。

(一)新中国成立初期

新中国成立后的17年间,我国高等教育经历了完成社会主义改造与全面建设社会主义高等教育的过程。在此期间,为使高等院校牢牢把握社会主义办学方向,完成对学生进行思想改造的任务,国家基本沿用了之前中国人民抗日军政大学的做法,将学生工作视为学校政治工作的重要组成部分。于是相继颁布了一系列社会主义的高等院校学生管理政策、条例与规则,要求高等院校通过开设马克思列宁主义课程及组织学生参加土地改革、"三反五反"、抗美援朝等政治活动这两条渠道,加强对学生的马克思列宁主义思想政治教育与共产主义道德教育,以强化学生为人民服务的思想，提升学生的社会主义觉悟和共产主义道德。

为保障上述政治思想教育活动能够稳定有序开展，高等院校成立了党委来面向学生开展党建工作，设立了青年团组织来加强对学生社会主义理想信念的培养，组建了学生会来负责指导和组织学生开展课外活动。后来，随着高等院校入学人数的不断增加，负责学生思想政治教育工作的专职人员短缺，在当时清华大学校长蒋南翔的请示下，教育部决定自1952年10月起在部分高等院校试行政治工作制度，设立统筹全校政治思想教育及负责学生毕业鉴定与工作分配的政治辅导处，选拔一批政治素质过硬且业务能力精湛的高年级学生在其中担任政治辅导员，主要负责对全校师生进行政治思想教育，并处理学生的毕业鉴定和毕业分配事务。

1957年后国内政治形势错综复杂，为了进一步加强政治领导，许多高等院校在国家政策的引导下纷纷建立起政治辅导处这一专门机构。1961年教育部出台了《教育部直属高等学校暂行工作条例（草案）》，规定高等院校必须在一二年级设立思想政治辅导员，这一职位由拥有政治工作经验的专职党政干部、政治理论课教师及其他青年教师担任，同时要逐步培养和配备一批专职政治辅导员。1964年，教育部发布了《关于加强高等学校政治工作和建立政治机构试点问题的报告》，提出要在高教部与直属高等院校中设立政治部，建议两至三年内为班级配齐专职政治工作干部。

由上述内容可知，该时期的学生管理基本在思想政治教育的框架内进行，主要采用由党委领导的"一元化"组织管理体制，即学校党委及院系党总支设立分管学生工作的副书记，下设负责思想政治教育和日常管理工作的政治辅导员。此外，学生管理的内容与方法具有浓厚的政治色彩，突出了政治主导与思想改造的特点，基本形成了较为完备的学生政治思想教育工作体系。

（二）20世纪六七十年代

在这一时期，高等院校各方面的工作几乎处于瘫痪状态，作为其重要构成的学生管理也毫不例外地出现了停滞与倒退。高等院校党政领导权力的丢失使得党的集中领导遭受重创，教职人员也丧失了学生管理的主体地位，入驻学校的解放军取代其成为高等院校学生管理者。原有的思想政治教育教学工作被迫停止，军训等活动成为学生的重要任务。此时，已初步形成的高等院校学生管理理念受到严重破坏，前期颁布的各项学生管理规章制度被全面废止，以思想政治教育工作为主的高等院校学生管理模式难以为继。

（三）改革开放以后

1978年十一届三中全会后，我国高等教育经历了一系列的拨乱反正，高等院校学生管理得以沿着社会主义轨道继续发展。具体来看，改革开放后我国高等院校学生管理的发展大致可划分为以下四个阶段。

第一，高等院校学生管理体系的恢复重建（1978年至20世纪80年代末）。十一届三中全会后，我国开始恢复与建立招生统考制度、学籍管理制度等各种高等教育规章制度。此时，高等院校学生管理要求纠正以往片面强调政治统帅的指导性错误，强调坚持德育为先的学生管理理念，立足学生实际思想状况进行全面而深入的改革。正是因上述学生管理指导思想发生了变化，原有的"学生政治思想工作"这一称谓逐渐被"学生思想政治工作"所取代。之后在《全国重点高等学校暂行工作条例》《关于加强高等学校学生思想政治工作的意见》《高等学校学生守则》等规章制度的引导下，高等院校不再将学生管理视为政治工作的组成部分，而是将其纳入德育工作的框架体系之中，继续实行政治辅导员制度来加强对学生的思想政治教育工作，并从班集体活动、文体活动和党团教育活动等内容入手，对学生进行严格的约束与规范。但值得注意的是，这一阶段高等院校尚未设立独立的学生工作机构，学生管理的相关工作被多个部门分摊，如大部分学生工作由挂靠在人事处的学生工作办公室负责，辅导员的选拔与培训工作主要由党委宣传部负责，学生集体活动的开展主要由学校团委负责。

第二，高等院校学生管理体系的探索发展（20世纪90年代初至20世纪90年代末）。1992年中共十四大做出了建立社会主义市场经济体制的重大决策，标志着我国经济社会发展进入了新的历史时期。为更好地适应社会主义市场经济发展的需要，国务院发布的《中国教育改革和发展纲要》明确了21世纪前教育发展的目标、战略、指导方针与实施措施，自此高等教育开启了办学体制、管理体制、投资体制、校内管理体制及招生、就业与缴费体制改革，我国高等院校学生管理制度也随之进行了调整与革新。在之前颁布的《普通高等学校学生管理规定》的政策引导下，高等院校的德育工作逐渐分化为教育与管理两部分，其中思想政治教育的主要内容被纳入了教学计划，从学生教育工作中分离出来的学生管理工作初步确立了相对独立的地位。管理内容根据相关体制改革与学生发展要求扩展至招生、学籍、奖惩、住宿、社团管理、思想政治教育等多个方面，全国本科高等院校普遍设立了学生工作处这一专门机构来统一管理上述学生事务。因从事学生管理人员的工作内容日趋行政化与事务化，高等院校在对其进行政治教育培训的同时，逐渐加强了其他相关知识技能的培训力度。

第三，高等院校学生管理体系的初步建立（20 世纪 90 年代末至 21 世纪初）。1998 年扩招政策的实施加速了高等院校规模的急剧膨胀，使得我国高等教育快速进入大众化阶段。伴随着新一轮高等教育改革的深入推进，高等院校学生管理工作的开展逐渐面临着严峻挑战，如学习与生活压力的增大导致出现心理问题的学生人数增多、成本分摊制度的实行使入学经济困难的学生人数增加、招生规模的扩大使得毕业生的就业压力与日俱增等。在这种管理环境日趋复杂的现实状况下，对校园秩序有序性、事务管理高效性及学生发展全面性的追求促使高等院校不断完善学生管理体系。于是，相关学者在广泛吸纳心理学、社会学与管理学等学科成果并积极借鉴国外高等院校学生管理成功经验的基础上，立足我国地缘政治、经济状况与教育政策等实际情况开展相关学术研究，逐渐夯实了高等院校学生管理的理论基础。与此同时，高等院校根据自身改革需要与学生发展需求不断拓展管理内容，将学生资助、宿舍管理、心理咨询与心理健康教育、就业服务与职业规划指导等纳入其中，日渐形成了教育、管理和服务并重的多层次内容体系，学生的角色定位正式转换为接受服务者与被教育者。众多高等院校还成立了由团委、学生处、教务处、总务处等部门构成的学生工作指导委员会来协调全校学生事务，并下设心理咨询中心、勤工助学中心和就业指导中心等机构负责专门事务，各院系也都组建了学生工作领导小组来领导分管学生工作，从而建立了较为完善的以"党政共管，条块结合"为特点的直线职能型组织结构。除此之外，高等院校逐步建立了稳定的专兼职学生管理队伍，通过提高学历要求的方式来改善学生管理人员的学历结构，并举办各种专题培训和研讨会来提升学生管理人员的专业素质。此后，高等院校学生管理实践开始朝着专业化、制度化、系统化、规范化的方向发展。

第四，高等院校学生管理体系的改革创新（21 世纪初至今）。当今世界经济全球化、信息化、国际化步伐的日益加快，以及高等教育治理体系和治理能力现代化建设的逐步推进，使得原有的学生管理模式显露出诸多不足。为积极应对环境变化带来的新的机遇与挑战，高等院校亟需适应社会需要进行改革创新。在国家出台的一系列政策文件的制度保障下，全国范围内的高等院校纷纷从树立以人为本的学生管理理念、健全高等院校学生管理法律法规、加强学生管理信息化平台建设、完善学生参与民主管理的组织形式、鼓励学生进行自我管理、推动辅导员队伍专业化建设等角度入手进行优化革新，致力于推动学生管理向柔性化、民主化、法治化等方向发展，高等院校学生管理进入了一个持续改革创新的阶段。

三、高职院校学生管理工作的特点

高职院校作为高等院校的一部分，其学生管理工作也是随着高等院校学生管理的发展而逐步发展起来的。职业人才培养关系到我国各行各业的发展，随着教学改革的不断深入，高职院校学生管理工作也在不断地完善和发展，具体来讲，针对高职院校学生所开展的管理工作包含了学生思想、学习、生活、实习实践和就业等多个方面。高职院校学生管理的最终目的是服务于学生的成长和发展，新时期，为培育更高素质和能力的"工匠型"人才，补充技术岗位力量，高职院校开始着力于转变学生管理的理念、模式、制度与机制，为创建高水平院校打好基础。

第二节 高职院校学生管理面临的机遇与挑战

一、高职院校学生管理面临的机遇

随着"微时代"的到来，微信、微博等微媒体在高职院校学生管理中的应用越来越广泛，由此也为高职院校学生管理带来了一些发展机遇。

（一）学生管理工作的方法和手段不断丰富

"微时代"下，很多高职院校的校园网络已基本或是正在努力实现教学区和生活区的全覆盖，高职院校学生也已基本使用智能手机。许多高职院校学生管理工作者从工作实际出发，尝试建立了班级、院系、院校等不同层次的微博、微信、QQ等微媒体平台，并把它们作为开展思想教育、学习教育和日常管理等工作的新阵地，旨在创新工作方法和手段，实现高职院校学生管理方式的信息化、网络化，提高工作的时效性，增强其在学生中间的影响力和辐射力。例如，通过微博、微信等平台发布各种资讯——校园新闻、专业特色、人才培养、招生就业、师生风采、评先评优、助学贷款、学费缴纳、重要通知等，这使得微媒体平台成为校园内学生与学生、学生与教师、学生与学校沟通和交流的一道窗口，拓展了学生管理工作的平台，进而丰富了学生管理工作的方法和手段。

（二）学生管理工作的改革动力不断增强

"微时代"下，随着微信、微博等微媒体的渗透扩散，特别是其在学生中的普及，给学生的价值理念、行为方式等各方面都带来了巨大的影响，也给高职院校学生管理工作带来了巨大冲击，迫使管理者不得不进行改革。

高职院校应顺应新的时代要求，充分利用微媒体平台，改变传统的管理渠道，将管理思想、管理理念、管理内容通过微媒体在学生管理工作中加以实践，改变长期以来学生管理工作中只有"看得见的管理载体"才能实现有效管理的错误认识。

"微时代"下，管理者运用微博、微信等微媒体参与学生管理工作，较之传统媒体显示出其独特的优势。一是微媒体突破了传统媒体的单向性，向多维度、多侧面转变。二是微媒体有着信息资源丰富、形式多元化、互动性强等优势，这些优势可用于创新学生管理工作模式、丰富方式和内容之中，增强了改革的动力。

"微时代"下，高职院校学生管理工作面对学生、家长、社会等多方面的关注，不得不进行改革来适应"微时代"的发展脚步。在这种背景下，学生管理工作的改革动力得以不断增强，进一步推动了高职院校学生管理工作的创新发展。

（三）学生主体参与管理的积极性不断提高

"微时代"下，微博、微信等微媒体为学生展示个性、表达自我、了解社会、参与实践提供了更好的平台，也使学生更注重个人权利，更要求民主。微博、微信等微媒体也为学生加入校园文化建设、实行自我管理提供了更为宽广的舞台。

随着"微时代"的快速发展，其开放、平等、民主的环境激发了高职院校学生参与管理的积极性。如今在微博、微信等这些平台中，也到处可见高职院校学生参与实践、参与社会，尤其是参与管理的身影。例如，学生常常通过微博或者微信来表示希望享受更多的教育、管理、服务的权利，包括平等接受教育的权利、参与学校管理的权利、获得正确评价的权利、享受良好教育和生活环境的权利等，并对学校在教育、管理、服务的过程中的不足之处提出意见和建议，受到管理者的重视。因此，校园微媒体平台的建设是加强和保障高职院校学生主体地位，并使其参与到校园文化建设、学生自我管理、学校重要决策等活动中的重要途径。

二、高职院校学生管理面临的挑战

（一）高职院校学生管理面临的内部挑战

1. 学生管理工作目标单一

现代学生管理强调的是使学生的综合素质得到提升，综合素质的培养常常被认为是学生管理工作的重点也是难点。不少高职院校通过社团活动、讲座、义务劳动、文化宣传等多种方式进行正面教育，但是通过调查研究显示，学生的综合素质未能达到预期效果，在校园内，仍有不守纪律、不讲礼貌、不知感恩、不懂回报、不思进取、自私自利的现象发生。

部分高职院校的学生管理工作往往注重学生生活能力的培养、关注学生是否违规违纪，而忽视了学生学习习惯、学习兴趣等方面。学校在考核学生管理成效时，往往忽略了学生管理工作在学习方面的影响，学生管理工作较少涉及学生的学习习惯、学习兴趣养成等工作内容。

2. 学生管理理念缺乏时代性

综观我国的高职院校，诸多院校一直以来遵循的管理理念是学生是作为被管的对象接受学校的管理，在学生管理活动中未能将学生作为服务的对象，未能真正地融入"以人为本"的基本理念，最终导致学生出现逆反心理。对于大部分高职院校管理人员来说，只要学生能够遵纪守法，便说明学生管理获得了显著成效。除此之外，实际管理过程中，一些管理人员还明显表现出"一刀切"的情况，没有做到因材施教，面对学生所出现的不良行为，大多管理者也并不会了解学生真实的想法，而是采取强制性的措施责令学生改正，这种处理方式反而适得其反，同时也无法从源头上解决学生的问题。

当代社会日益呼吁"以人为本"的管理理念，学生管理工作也是如此。实践证明，只有站在学生立场，尊重与重视学生需求的管理工作，才能够取得可观的管理效果。也就是说，学生管理工作理应是为"学生"服务的，是主动满足学生的需求的，而并非让学生适应环境。但是从当前的现状来看，大多数高职院校的实际管理过程中尚未秉承"以学生为本"的思想理念，从管理方法以及管理理念来看，都表现出硬性、强制性等特点。也正是如此，学生只能够被动地服从学校的管束，不能做到自我管理，主动性较差，管理效果不理想。

3. 学生管理制度规范作用不明显

在互联网时代，比起高压政策，学生管理更应当灵活自由，制度的实施应考虑学生实际，而非强制性的规定和制约。令人遗憾的是，当代高职院校普遍缺乏民主、自控的管理观念，并未从学生的思想层面加强学生管理工作，最终导致学生管理效率低下。正因为缺乏引导，学生才不知道该做什么或不该做什么，不了解自身违规行为意味着什么，同时也不知道遵守规章制度的意义在哪里。学校的学生管理工作从本质上来说是为了给学生提供一切关于学习和生活的服务，但是在实际工作中，大多数高职院校管理人员并未做到这一点，部分高职院校缺乏合理的管理制度，难以在实际的学生管理工作中达到预期的效果，这最终使得高职院校学生管理与实际脱节。

4. 学生管理内容的契合度不够

学生管理内容还无法完全满足社会需求和学生个人发展需求，企业讲座开展力度不够、学校就业指导不多、心理健康引导不深入等现象仍然存在。无论企业讲座、就业指导还是心理健康都是高职人才培养教育的重要环节，同时也是学生管理的重要内容。多数高职院校学生对自身职业生涯的规划不清晰，对所学专业的就业前景不明朗，对行业的人才素养需求不关注，对自身所具备的职业技能不清楚。不少院校虽已成立心理健康辅导部门，有专业的心理咨询师，但是学生在出现心理问题后，并未寻求心理咨询师的帮助，或经过心理辅导后效果并不明显。

5. 学生管理方法缺乏变通性

学生管理过程中，管理者将通过不同的管理方式、手段和途径来实现学生管理目标。通过相关数据的分析及文献的查阅，可以发现网络化时代学生管理方法的变通性不够，主要体现在以下几个方面。

（1）网络化手段未能适应学生需求

随着技术的普及与应用，微博、微信、学生管理系统、专题网站、公众号等社交媒体平台不断涌现，并成为高职院校学生日常交往的重要工具，同时也成了高职院校学生意见表达的主要渠道。因此，在互联网时代背景下，高职院校理应与时俱进，充分利用网络化手段开展学生管理工作，与学生及时地沟通交流，解决学生的疑惑；或者通过各种互联网渠道，释放一些就业信息，或者为学生提供职业生涯规划方面的指导；或者通过校园论坛，定期收集学生意见，以此有针对性地调整管理工作。然而，从目前的状况来看，大多数高职院校并没有充分应用网络化手段，有不少学生表示未听过或使用过网络化学生管理平台，并没有建立或完善基于新媒体的学生管理模式，这也是其管理效果不理想、学生管理目标未能全面实现的原因之一。

（2）互联网安全保障性措施不到位

学校是人才培养的主要基地，利用网络优势全方位培养学生，并给予严格管理，能够让学生的生活和学习更有保障。然而经调查了解，由于网络安全管理不到位，诈骗事件在一些高职院校中时有发生，给学生管理带来了困难，也让借助互联网进行的学生管理工作面临风险。

（3）网络平台的教育作用不显著

很多高职院校都建立了专门的学生教育管理网站，但是实际教育成效却没有达到预期目标。首先，网站形式单一，很难引起学生的兴趣。其次，网站缺乏鲜明特色，影响范围小。很多高职院校成立学生教育管理网站后，缺乏后期维护和本校的特色，而且大多信息陈旧，更新慢，难以吸引学生。

6.学生管理保障的匮乏

对一些高职院校的学生管理人员进行访谈调查，结果显示，一半以上的被调查者认为学校学生管理保障的匮乏是造成学生管理问题的重要原因。而且大多数被调查者将其归结为缺少制度的约束、教育资金投入不足以及师资引进机制缺失三个方面。

（1）缺少制度的约束

高职院校为经济发展培养了大量的人才，同时也对提升职业人才的素质起到了积极的促进作用。但是，师资力量、办学条件、生源质量等影响了高职院校的教育质量。为了生存与发展，许多高职院校开始通过提高升学率或就业率的途径来获取生源。有了生源，学校就可以生存下去。在这样的思维观念的支配下，凡是与成绩无关的行为都不被重视。例如，一些高职院校的心理健康教育、课余活动都处于一种相对缺乏的状态。归结其原因，就会发现高职院校的心理健康教育、课余活动的缺失就是因为缺少制度的约束。国家教育行政机构要求学校开设心理健康教育课，以提高学生的心理健康水平，要求学校开展课余活动，以丰富学生的课余生活，但却没有后续的保障措施。只要求高职院校开设心理健康教育课，却没有规定对未开设心理健康教育课的处罚措施。

（2）教育资金投入不足

在部分高职院校存在着因缺少场地、器材以及师资不足而无法开展课余活动的问题，也存在着因缺少维修经费而使多媒体设备处于闲置状态的问题。凡此种种，都是由资金投入不足所导致的。如果有足够的资金投入，课余活动缺少场地、器材、设备、师资以及多媒体设备难维修等问题都可以迎刃而解。

（3）师资引进机制缺失

高职院校的人才匮乏是普遍存在的，其原因就在于：一些高职教师的待遇难以得到保障。为了解决高职院校的师资问题，国家也出台了教师校际交流制度，即重点学校的优秀领导、优秀教师到其他院校工作。但由于缺少保障机制，这种校际人才互动交流就成为一种走过场式的交流。

7. 学生管理模式上存在惯性思维

学生管理上的惯性思维主要体现在学校内部管理上的惯性思维以及区域内教育系统管理上的惯性思维两种。

（1）学校内部管理模式上的惯性思维

所谓的惯性思维指的是一种固定的思维模式，在心理学上称之为定势。即每当遇到同样的问题时，管理者总是寻求用固定的模式加以解决，不肯走创新发展之路。学校教育中的"看"和"管"模式就是长期以来形成的一种惯性思维。不可否认，这种管理模式可以确保学校教育、教学秩序的正常运转，也能取得立竿见影的效果。但从国家教育发展、人才培养的百年大计来看，这种"看"和"管"的教育模式其实就是领导意志与权威的集中体现，它的存在对于提升学校的知名度以及管理者的权威是有效的，但它忽视了人性，忽视了学生身心发展的内在需求，对学生的成长是极其不利的。

（2）区域内教育管理模式上的惯性思维

我国高职院校的快速发展与区域内高中和中职院校的管理方式是分不开的，所以它是高中和中职学生管理在高职院校的延续。由于大多数学生从中学就开始接受严格的管理方式，等到进入高职院校时，学生已经习惯并接受了这种管理模式；一旦离开了这种管理模式，学生反而无所适从，有的甚至无法完成学业。这种从中学就开始的传统管理模式严重地影响了学生的思维、行为模式，且这种影响是不可逆的。

8. 学生管理体制不完善

（1）学生管理机构不健全

多数高职院校的学生管理主要涵盖学生思政教育以及事务管理两个方面。现阶段，大多数高职院校贯彻落实的是二级管理模式，其中系部主要负责共青团、就业、学生管理、招生以及平安校园等方面的工作，还有一部分负责工会、党建等方面的工作。由此来看，职责范围明显不符合基层学生工作机构的要求，日常事务性工作繁多，既无法满足学生日益增长的需求，也无法将主要精力投入学生管理工作，更无法深入思考研究进而提升工作质量。

（2）学生管理部门协作性不强

大多数高职院校中，直接负责学生管理的主要涉及学生处、团委、招生就业处以及不同系部等部门，不同部门相互间在管理方法、管理理念、管理制度等方面尚未达成共识，均只重视自身的工作职责，从部分学生管理工作方面来看，不具备较强的协作性，存在各自为政的情况。在部分高职院校中，当出现和学生有关的问题时，不同部门无法及时进行交流，一起协商解决方案，反而相互推卸，把问题划分至一个部门之中，由此造成学生管理仅局限于单个部门之中，无法对学生管理工作进行统筹规划。

9.学生管理总体成效不足

学生管理的总体成效在于学生管理的最终目标的实现情况，一般来讲，主要体现为学生管理帮助学生形成良好的学习态度、帮助学生养成良好的学习习惯、激发学生参与校园活动的主观能动性、提高学生综合素质、培养学生的就业能力、帮助学生拥有健康的心理素质等六个方面的情况。

（1）学生学习态度的形成情况

多数学生管理更注重学生生活方面的管理，而忽视了学生管理工作与学生学习之间的联系。学生管理与学生学习是息息相关的，班级管理会对学生的学习态度的形成有重要影响。

（2）学生行为习惯的养成情况

部分院校的学生管理在对学生行为习惯的养成方面关注度不够，学生管理者认为学生的行为习惯已经定性，无法再改变，因此，在学生管理过程中，学生的行为习惯的养成往往被忽略。

（3）学生综合素质的提升情况

一些院校的学生管理在学生综合素质的提升方面更关注的是学生是否遵守校规校纪、是否完成学校下发的任务、是否参加班级活动、是否听从老师的指挥等方面，但针对学生人际交往能力、审美和表现、品德修养、运动和健康等领域缺乏关注。

（4）学生校园活动的参与情况

一些院校的学生管理在学生的校园活动参与方面仅仅关注的是学生是否参与，而对学生参与校园活动取得的效果很少过问。此外，学院所开展的校园活动形式固定，很难吸引学生的兴趣，学生参与活动仅仅是迫于学校压力，主动积极性不高，难以实现学校通过开展校园活动培养人才的目的。

（5）学生就业能力的培养情况

在部分院校的学生管理中，学生就业能力的培养途径单一，多数高职院校在培养学生就业能力方面，采取的是通过专业教学课程的方式来完成，但是专业教学课程对学生就业能力的培养收效甚微，学生在课堂上能获得的就业知识陈旧、狭窄，不足以使学生具备能够快速适应社会岗位需求的就业能力。

（6）学生心理健康的引导情况

高职院校学生的心理健康问题日益凸显，不少学生都存在一定的心理问题。心理辅导工作的成功与否直接影响到学生的学习、生活状态，更关系到学生管理工作的开展。不少院校虽已成立心理健康辅导部门，有专业的心理咨询师，但是学生在出现心理问题后，并未寻求心理咨询师的帮助，或经过心理辅导后效果并不明显。研究数据显示，心理问题的解决率并不高，心理辅导工作开展困难，成效不足。

10. 学生管理队伍亟须优化

（1）管理工作表面化，深入研究少

对于高职院校来说，学生管理工作本身具有较大难度，是一个具有系统化以及复杂性特征的工程，不仅涵盖日常生活管理，同时也涵盖思政教育以及资助等方面的工作，还涵盖自入学至最终就业等不同领域的管理工作，涵盖各方各面的具体事务。在实际管理之中，各个部门相互间分工模糊，不少一级行政部门将学生管理工作全部移交到二级学院的辅导员手中，致使系部的辅导员的学生管理工作任务繁重，给辅导员带来了诸多压力。此外，在对辅导员的判断能力、探索能力、创新能力等方面缺乏培养，并且学生管理工作具有形式化以及表面化的特征，缺少深层次的思考和规划。

（2）学生管理队伍不稳定

就目前而言，从辅导员队伍建设角度来看，大多数高职院校都没有构建相对完善的长效机制，从而导致队伍结构不科学、人员紧缺、工作目标模糊不清、工作压力大、人员流动率高等情况的出现，这些现象导致学生思想不稳定、班级管理混乱。随着高职院校招生规模的不断扩大，辅导员实际管理的学生数量明显超过教育部明确规定的 1∶200 的比例，辅导员的教育管理任务日益繁重，辅导员需求不足，这些都对学生管理工作提出了新要求。

（3）学生管理队伍信息技术素养不足

学生管理工作队伍中最高层的信息素养是信息技术应用。它是通过运用信息技术来解决学生管理工作中出现的问题，从而培养教师的先进思维技能和解决问题的能力，尤其是在提高思想政治教育质量中信息化的应用。学生管理工作中教师的信息意识和信息技能可以逐步反映在实践中。他们应该有意识地去关注与学生管理有关的材料，根据自己的实际需求，进行有针对性的选择，适时地进行加工，有创新地利用。

学生管理信息化是未来的发展趋势，但不代表一定要让从事学生管理的教师成为计算机的高手，而是让从事学生管理的教师具备一定的信息筛选、再加工的能力。经过对部分高职院校的访谈发现，和高职院校的学生相比，学生管理者的信息素养普遍偏低。当问及"您是从什么时候开始接受信息教育课程（计算机基础课程）的？"时，有10%的从事学生管理的教师是在工作之后才开始接触信息技术的，有90%的从事学生管理的教师是在大学期间接触信息技术的。由此可以推断，学生管理者在成长的过程中接受信息技术教育课程的时间大部分都是在大学期间。而被管理的高职院校的学生，他们在中学阶段就已经经过系统且专业的信息技术课程学习，对信息技术的认识比较积极，在成长学习的过程中又不断学习新的信息技术，对互联网、智能移动手机终端等各类技术都能积极快速适应，信息素养基础普遍良好。所以，为了能够更好地适应高职院校学生信息化的各类需求，从事学生一线管理的辅导员更加需要多关注学生喜欢的新鲜事物，并且尝试通过各类信息技术载体平台开展学生管理工作，这样可以大大提升高职院校学生的关注度。

总的来讲，作为高职院校学生管理活动的组织者和实施者，学生管理队伍要具备较高的信息技术素养，才能很好地开展网络育人工作，提升学生的综合素养，但实际上多数高职院校的学生管理队伍建设都略显不足。首先，学生管理队伍信息技术素养欠缺，对网络教育的重视程度不够，从事网络教育的人员素养参差不齐，无法充分发挥网络资源的重要作用。其次，学生管理队伍结构不科学，知识结构上存在理论知识与实践活动脱节的现象，人员结构上缺少专业的、具有较高网络素养又具备丰富管理经验的人才。

（4）心理健康辅导师资不足

高职院校学生的心理健康问题日益凸显，不少学生都存在一定的心理问题。心理辅导工作的成功与否直接影响到学生的学习、生活状态，更关系到学生管理工作的开展。研究数据显示，我国大部分高职院校的学生管理工作都高度重视学生的行为，但是忽略了学生的心理健康情况，不少高职院校虽然设立了相关的心理健康辅导部门，但是该部门往往师资不足，心理辅导工作开展困难，在心理健康宣传、心理健康咨询、心理健康引导方面未能满足学生需求。

（5）管理者对管理工作和对象认识不足

第一，管理者对学生管理工作认识不足。如何做好高职院校的学生管理，就需管理人员将动态管理理念作为工作重点，做好动态管理是优化高职院校学生管理的必要条件。倘若高职院校管理人员对动态管理理念不重视，依然遵循旧的管理模式，就很难做好高职院校的学生管理工作。这种因循守旧的思想不利于优化高职院校的学生管理，不能与时俱进。许多高职院校已经建校很长时间了，而且发展过程中也积累了不少丰富的管理经验，也有一套比较适合自己的管理模式。然而，一些高职院校在办学期间仍然面临着一些重要问题。例如，学生教育管理模式落后，学生思政教育体系尚不完善，两者之间没有充分结合在一起。倘若，高职院校管理思想落伍，只是埋头苦干，不汲取优秀学校的成功经验，对当前的社会发展形势认识不清，很多工作开展得也不到位，学校很容易进入封闭发展的时期。从其他角度来讲，大部分教师只注重上课，很少注意与学生之间的学术交流，造成师生关系淡化。所以，教师应重视与学生的交流，通过课间辅导或家访的形式推进与学生之间的交流，第一时间了解学生学习中存在的不足，从而使教学更加有针对性，这样既提高了自身的教学水平又提高了教学效率，可以更好地推进教书育人的理念。所以，高职院校应掌握动态管理理念，对自身学生管理工作做好及时调整，强调建设以学生为中心的高职院校管理模式。

第二，管理者对管理对象认识不足。1990年后，很多高职院校学生都是家里的独生子女，他们深受父母疼爱，家庭条件好，几乎没有吃过苦，自理能力差，心理承受能力弱，容易产生自卑心理。因而，学生入校后就要独自学习和生活，加上学习压力大，深感学校环境生疏，难免形成自闭心理，从而，形成孤僻的性格，不善于交流，需要教师的爱护和关心。目前，部分高职院校在学生管理方面还存在一些问题，例如，学生管理团队弱小，深入管理很难实现。现阶段，网络化不断发展，学生的思想很容易受到网络思想的影响。假如高职院校学生管理者能够改变思想、转变思维，充分考虑学生的实际发展需求，坚持以学生为根本，那么，良好的校园管理就不再是梦想。

（6）管理者教育理念认识偏差

管理者教育理念认识偏差主要体现在学校"教书"与"育人"功能认识偏差、"人本位"与"校本位"定位认识偏差、"严格"与"放纵"界限偏差、自主管理与外控管理意识偏差四个方面。

第一，学校"教书"与"育人"功能认识偏差。在高职教育当中，部分学生管理者持有一种"唯书"的观点，片面地认为成绩大于一切。教育的价值就在于升学或就业，就在于学生在考核中获得高分数。学生考出的高分数，既盘活了学校的出路，又为学校赢得了社会声誉，同时，也满足了家长与学生的个体需求。因此，学校只关注学生的分数，将学校功能错误定位为高分加工厂，注重生活上的"服从性"，学习上的"刻苦性"，片面地认为"时间=学习效果"。除了学习，其他的一切事物皆不在学校教育的范畴之内。显然，这是教育管理者对学校功能认识的偏差，认为教书要大于育人。

在我国，关于学校教育到底是"教书"，还是"育人"的问题，一直存在着争论，而争论的实质是如何处理二者之间的关系问题。其实，我国的官方教育学著作已经给出了明确的界定：学校既是教书的场所，也是育人的场所，从某种意义上讲，育人意义更为重大。众所周知，学校教育的实质是一种培养人的活动。所以，高职教育中的"唯书"观点严重背离了我国学校教育的育人宗旨。它不仅在理论上是错误的，在实践上也是有害的。

第二，"人本位"与"校本位"定位认识偏差。在管理时，一些高职院校将"人本位"和"校本位"倒置，把对人的综合培养任务片面地归结到分数至上、纪律至上当中去。管理者认为在管理活动中，只要能让全体学生在校期间"多学习且不出事"，并且利用学校最少的人力、物力获得最好的学习成绩就是好的管理。学校管理者缺少对个人需求的关注，忽视了心理和情感因素在个人成长中所占据的比重。显然，这种学校管理是一种典型的"校本位"。它注重的是学校的声誉，学校的发展出路。

第三，自主管理与外控管理意识偏差。当前，有许多教育管理者意识不到学生自主管理的重要意义，片面地强调外部管控对学生成才的重要性。对于世界观、人生观、价值观正在形成时期的高职院校学生来说，外部管控固然是重要的，但学生的自我管理、自我教育、自我发展更为重要。这是因为学校管理离不开硬性的规定和制度，但在硬性的管理的背后，真正发挥作用的应该是学生自主管理的意识。通过学生的自主管理，可以让学生正视自己的成长与学习过程中的成功与失败、经验与教训，可以引导学生从他律走向自律。依托学生自主管理下的外控管理，才能实现"管理"的真正意义。

（7）管理者的话语权受到影响

各行各业的迅猛发展很大一部分原因得益于信息技术的革新，人们享受到信息技术迭代升级带来的红利，网络与公众生活的融合度与日俱增。高等院校中引入并应用互联网技术的时间比较早，早在1990年，网络所带来的便利性、交互性、学习性等均在学院中有所显现。当下不少青年人以网络为媒介，获取所需的知识及资料，还有很多线上教育平台，如百度教育、中国大学MOOC"爱课程"等，依托互联网技术而崛起。受此影响公众及学生的思维方式及行为理念也会有所变化。最重要的一点是，在这种教育框架下，教育管理工作要顺势而动，必然要迎接新的挑战和新任务。

传统的学生管理模式下，管理者和学生之间信息不对等，前者可以提前获悉比后者更多更详细的信息，所以享有的话语权更高，两者之间并非平等的对话。由于网络的普及，网络成为大部分学生查询资料及获取信息的主要渠道，管理者和学生之间信息不对等的情况有所好转，管理者的话语权降低。不可否认的是，有些高职院校管理者尚未紧跟市场和时代变化，未能运用先进的网络信息技术来优化本校的管理、提高本校的教育水平。网络其实可以作为输出教育的跳板，如开展线上微课、进行网络信息传播等，这有利于潜移默化地影响学生的思想。但不少学校在网络教育板块尚未有所建树。高职院校所面对的具体工作对象是高职院校学生，此类群体头脑灵活，对世界和社会有很强的探索欲望，转化能力较为突出，但不足在于三观尚未完全定型，对世界和社会的判断能力还不够成熟，长时间沉浸在网络信息中可能会被错误的思想和言论误导和带偏，不利于高职院校学生的长远发展。

网络是科技发展所带来的红利，各种思想言论充斥其中，一方面，开阔了学生的眼界和格局，但另一方面，需要高职院校学生明辨是非，这需要学校的引导。

11. 学生整体品行素质亟须提升

和一般本科院校的学生相比，高职院校学生不具备扎实的理论储备，品行素质也相对较低，这在一定程度上给学生管理工作带来了困难，如班级的班风学风的建设、学生活动的开展、学习能力的培养得不到学生有力的配合。

面对社会对人才的庞大缺口，国家不断地降低高职院校的准入门槛，使得高职教育普及率显著提升，但这大大降低了高职院校学生的质量，使得一些学院中涌现出了一批习惯不佳、品行不端的人员，导致学校风气败坏，整体学习氛围不浓。部分学生品行较差，直接蔑视学校规章制度的存在，甚至以玩乐的心态挑战学校校纪校规。总体而言，高职院校在开展学生管理工作时不可避免地会面对学生自律性差、自我约束力匮乏等问题，这无疑加大了学生管理的难度。

（二）高职院校学生管理面临的外部挑战

尽管教育的实施对社会的发展具有一定的反作用，但两者的关系本质上还属于因变量与自变量的因果联系。这意味着教育依然需要以适应社会为基础，根据社会环境的变化而进行相应调整。如今，互联网技术的发展已带来社会、高职院校与学生等外部环境的全方位变化，为使学生管理的观念、方式与内容适应新环境，高职院校必须顺应潮流，对高度集权、等级分明、硬性管控的模式进行优化与革新。

1. 社会生产方式变化引发学生管理方式变革

互联网信息技术的发展使得社会生产方式发生了巨大变化，引发了社会人才需求、社会劳动组织与社会治理方式的一系列变革。外部环境的改变要求高职院校必须顺应整体趋势，对原有的学生管理方式进行革新。

（1）社会人才需求改变要求学生管理创新

随着互联网信息技术的迅猛发展和广泛应用，人类社会已进入以数字化、网络化、智能化为表征的信息时代，社会生产方式自然而然地被重新定义。此时，社会生产方式逐渐转向科技依赖，人们大力利用具备信息获取、传递、处理、再生与利用功能的智能化生产工具，紧密依托无限且无形的知识资源与数据资源来创造财富。如此一来，传统的知识与技能已难以适应岗位需求的变化，劳动力市场对从业者的综合素养提出了更高要求。

首先，由于知识与数据的经济价值日益凸显，经济发展与社会进步越来越依赖于科技创新水平。国家若在新的技术革命带来的经济挑战面前站稳脚跟，不断发掘新的经济增长动力，就需要一批拥有独立性、主动性和创造性，且具有创新思维、创新精神与创新能力的人才。

其次，信息技术发展与经济结构转型使得市场面临的问题愈发复杂，往往呈现学科交叉、知识融合与技术集成等特征，仅靠单一的学科知识及孤立的思维方式已难以解决。因此，各业行业在招聘时弱化了对专业对口度的要求，更为倾向既具备行业专业能力、又拥有跨学科知识结构的复合型人才。

最后，随着全球信息化建设的深入推进，其蕴含的思维特征不仅对政治经济的思维框架产生了影响，也为各行各业的战略规划与实践操作带来了巨大冲击。这一变化要求从业者由工业化思维转变为互联网思维，立足互联网的思想、精神、价值来思考与解决问题，运用互联网的技术、方法、规则等来处理工作与生活事宜。而这些素质多在自由民主的多元化环境中得到培养与提升，这就要求包含高职院校在内的社会组织改变集权控制的方式，基于互联网思维与技术构建组织管理框架，在管理中赋予各成员平等的主体地位，尊重和激发其个性特点和发展潜质，尽最大可能保障其精神自由与行动自主。

（2）社会劳动组织变化引发学生管理变革

新型生产方式的采用带动了社会生产力的提高，不仅使人们的物质生活水平快速提升，还将人们从繁重的体力劳动中解放出来，转而运用信息技术进行知识生产与价值创造。如此一来，人们的生产活动由现实社会不断向互联网空间拓展迁移，依托网络建立的网络社群、虚拟组织、自组织等组织形态纷纷涌现。

总体来看，这些新的组织形态融合了传统社群理念与网络交往特点，为生产活动创设了高度开放与交互的环境，呈现出互动过程的超时空性与开放性、行动空间再生产中的虚拟性、社会关系的平等性与自主性、秩序建构中的扁平化与多中心性、社群交往纽带的网缘化、群体成员的较高异质性和群体边界模糊等特征。

较之传统意义上的科层制组织，这种社群化组织形式存在明显的进步之处，主要体现在：组织成员既可以在规定的期限内，自由选择合适的时间与地点来开展工作；也可以拥有部分解决问题的权力，根据所处的局部环境状况来自主做出决策；还可以不再囿于固定的内部分工，通过参与不同的项目来实现工作职责的灵活变动；更可以摆脱自上而下的权威控制，通过成员之间平等的互动合作来达成目标等。但在社会劳动组织形式正在发生结构性变革的当下，我国高职院校依然在高度组织化的科层体制下开展学生工作，依托固定的班级、内容、方法对学生进行集中管理，日益显露出学生多元选择受限、学生自由交往受阻、信息传输效率较低等问题。因此，现阶段高职院校若要提升学生管理的质量，必须及时顺应社会劳动组织的社群化变化趋势，将社群化组织形态与管理理念应用于学生管理之中。

（3）社会治理方式变革倒逼学生管理变革

互联网信息技术打破了由信息垄断衍生的集权控制，创造了一个无疆域与文化阻隔的开放性虚拟社会，来自不同地域、不同民族、不同阶层的劳动者可通过交流互动来自由吸纳信息与平等发表言论，使得多元文化和价值观念不断汇集、相互交换与彼此融合。多元价值的共存导致传统的一元化权威体制与价值范式受到了强烈冲击，昔日难以撼动的中央集权观念逐渐弱化，无法再在社会文化形态中保持绝对的统摄力。在此影响下，社会不得不对强调权威的组织管理方式进行结构性变革，使其由传统的自上而下的行政管理向注重内外协调的民主治理转轨。

表面上管理与治理仅有一字之差，实质上治理却是管理的更高级形态，强调系统治理、依法治理、源头治理和综合施策，突出治理主体的多元性、治理方式的调控性、治理功能的协同性与治理过程的连贯性，能够有效避免行政化管理的随意性、盲目性、机械性和无序性。对于作为现代社会正式组织机构的高职院校而言，因受到文化、政治、体制等外部因素及组织内部自生的功能失调问题的影响，当前学生管理工作面临着沟通合作不畅、行政权力泛化、民主参与短缺等困境。若要对这些现实问题和复杂形势变化进行应答，高职院校理应摆脱机械、僵化的行政化管理路径依赖，顺应共建、共治、共享的社会治理现代化潮流，对高度集权、等级分明、硬性管控的学生管理模式进行优化革新，使其向以中心多元化为本质特征的社群化管理模式变迁。

2. 信息技术的应用不完善

（1）学生管理工作信息技术运用缺乏理念支持

大多数高职院校的信息化建设方面都已经有了较大的进步，各个部门都对教育信息化发展都有一定层次的认识，但是，一些高职院校仍然没有准确地将信息化发展放在战略性重要地位。虽然高职院校高层的领导干部是非常重视的，但是仍然存在部分人对学生管理工作的重要性认识不到位的情况，在主动利用各种新载体手段来加强和改进学生管理工作方面还做得很不够，没有进行科学化规范化的规划。有些人虽然重视，但往往只是迫于上级的要求、压力，没有真正从内心重视起来，未能高度重视信息技术并充分利用它来支持学生管理工作，大多处在自发状态。

第一，部分高职院校已经重视运用新技术、新媒体支持学生管理工作、教学工作，但是充分运用信息技术支持学生管理工作的认识还不够到位，重视程度不够，导致实际工作的推进受到阻碍；第二，现代信息技术全面支持高职院校学生管理工作是需要付出努力的，大部分从事学生管理的教师能够投入大量的精力重视信息化管理，极少部分从事学生管理的教师却不以为然，认为自己有很多传统的工作经验，足够应对新时代的学生管理，有的甚至连基本的电脑操作都不会，甚至还会产生抵触使用信息系统的行为，高职院校学生管理者对于信息化管理的认识各有不同，这也就导致了推动信息化管理的动力不足；第三，部分学生管理人员由于没有经过相关培训，本身技术水平不高，对于学生管理信息系统的操作不正确，经常会浪费很多时间，还达到不到预期的效果，严重影响了学生管理的信息化建设及应用的效果。

（2）学生管理工作中对各类信息技术运用不充分

相关调查和数据显示，大多数高职院校在学生管理中使用了各种信息技术，但不同的人员在不同的情况下也存在不同的问题，许多人都不能充分利用。

第一，各院系学生管理工作平台建设存在的差异。在一些高职院校中，各个院系的学生管理工作性质和工作内容颇为不同，每个院系的学生管理工作平台开展存在不平衡性，例如，高职院团委作为各系团学工作的牵头部门，其工作的主要对象是全校团员学生，在利用新信息技术开展学生工作、传承团学精神等方面成绩突出，还利用到的智慧团建的载体平台管理在校团员的团组织关系的转进转出,能够及时关注到学生的团关系的动向,利用高职院校学生感兴趣的载体平台开展团学活动,提升学生的社会认同感和责任感。高职院校的党委组织部组织师生党员进行系统的理论学习,搭建适合自己部门工作的技术平台,并且对党员的信息管理也做到了信息化系统管理,对党务工作的开展和管理及宣传有了较完整的运行体系。其他各院系也针对各系部管理的特点建设了工作运行的技术平台,但没有积极运用已有的工作平台,使用比较普遍的就是 QQ 群、微信群,便于工作上的通知发布、文件的传送等。对部分高职院校进行调查可以发现,各院系对学生管理工作平台的建设是存在较大差距的。一些学院和部门连基本的网页常规内容更新也成问题,更谈不上利用新的技术平台来开展学生管理工作。

第二,信息技术平台和工具运用不充分,具体表现如下。

①校园官方网站的学生管理工作内容少或更新不及时,点击率低。

一是偏重常规工作信息,忽视了学生管理工作。部分高职院校的院系还存在重视院系网站的常规工作内容建设,而忽视为学生提供多元化优质服务的问题。有些院系的网页虽然及时更新了内容但由于内容不够有吸引力,浏览率始终得不到提高。经过分析,浏览量最多的是公告栏中的各种通知公告。学生管理工作中最重要的思想政治教育方面反而在网站上没有太多的体现,或者是思政教育方面的网页内容做得不够新颖,网站内缺少互动环节,也没有顺畅的沟通与反馈渠道。大部分院系网页没有从学生的角度考虑问题,一些高职院校的学生管理过程中,还没有给学生创造一个很好的反馈自己意见的沟通平台,学生的实际生活和学习情况不能够在综合信息化平台上显现出来。

二是各院系网络共享不足。目前在部分高职院校的校园网络建设中还存在一种现象:教务处、图书馆、招生办、就业处、学生处(部)、团委等与学生关系密切的部门均为学生提供了一些信息内容,这些信息都没有共享,彼此之间没有很好地关联和互补,造成各项数据重复混乱,使学生的用户体验感下降。此外,智能手机已经全面普及,学生日常生活中使用手机的频率远远高于电脑,各种手机 APP 软件极其丰富,看相关通知和信息也比较方便,而在一些高职院校中,校园 APP 软件还处于建设初级阶段,这就会使学生忽视校园网及门户网站的作用。因此,很有必要构建校园学生管理工作信息的交互平台,使得各部门院系的学生工作者齐心协力,内容环环相扣,编织学生工作大网络,为学生的学习、生活、心理、交友、择业、树立正确三观等保驾护航。

②手机端 APP 利用率不足。通过调查发现,在部分高职院校中,学生在面对多选题"您的辅导员一般会通过哪些信息方式来了解学生?"时选择"QQ、

微信"的占比90%,选择"电话或手机短信沟通"的占比5%,选择通过"班委及其他同学了解"的占比5%。5G时代来临,学生使用手机短信功能的越来越少,绝大多数高职院校学生都喜欢通过通信APP来沟通,这是因为网络套餐费用不高,没有短信资费,但在调查中发现大部分高职院校学生不及时关注和回复相关信息,造成了通信APP的利用率降低,便捷变成拖延,从而不能够真正地对学生管理工作起到支持作用。

③微信公众号等宣传平台的设计缺乏吸引力。近几年,由于微信软件已经普及,经过调查问卷分析出大多数高职院校的学生比较青睐使用微信,越来越多的工作在学生管理一线辅导员和分团委书记喜欢将微信公众号作为信息传播和与学生交流沟通的载体。微信公众号的功能设置通常具有智能回复和菜单功能两种:智能回复主要借助"关键词"进行答复。微信公众号的教育宣传的传播功能目前在高职院校已经受到重视,并且在学生管理工作方面发挥了很大的作用,但是微信公众号的创新意识不够强,部分高职院校的院系和部门的公众号功能设计非常简单,内容也不随着最新的变化而更新,内容非常陈旧,没有时效性。同时,有些公众号在内容排版布局设计上特别薄弱,只是简单的照片和文字叙述,没有生动的画面和音频作为支撑,导致公众号的界面特别生硬无趣,从而导致师生不太愿意去关注各系部和部门的公众号。经过问卷整合分析出,公众号管理基本上是由一线学生管理工作人员兼任,如果设置专人负责微信公众号的管理,那么,微信公众号平台的作用一定会得到更有效的发挥。

第三,信息技术设施建设投入不足。在信息技术设施建设这方面,经过访谈了解部分高职院校确实增加了逐年的投资,但仍然不足。有些设备相对过时,最新的设备不会及时更新,软件建设中也存在一定的差距。

校园无线网络覆盖不充分,教职工宿舍网络信号薄弱。目前,一些高职院校的无线网没有实现全校园高强度全覆盖,部分教学楼网络信号较差,尤其是在课堂上进行线上课堂授课时,学生需要自己登录手机APP端口进行签到和互动学习,如果没有高强度的无线网络的支持,就会使学生上课的体验感变差,同时也不方便教师推进网络教学。网络不佳往往会导致高职院校学生不愿意用手机登录进行线上课堂互动,影响课堂教学效果。高职院校无线网络的高强度覆盖,可以实现师生之间的无障碍沟通,大大提高了教学质量和学生的学习兴趣。目前,一些院校的教学楼设备更新不够及时,设备比较陈旧,部分教室的设备差,导致上课之前的线上点名卡顿,严重影响一线辅导员对学生的考勤管理,有时候被迫改成传统的人工点名,不能够体现线上视频签到的便捷,大大延长了后面的授课进度。

多媒体设备的实时升级可以增强课堂教学的乐趣,如安装 4D 投影机,以增强课堂的情境体验感和真实性。当然,新技术的投资必将相对较大,这也为高职院校的财政资源带来了更大的压力。

简而言之,对信息技术设施建设的投资仍然不足,这是一个更加现实和突出的问题,而造成信息技术设施建设投资不足的原因在于高职院校学生管理的时代特征以及管理理念的不足。

3. 融媒体运用不充分

(1) 融媒体运用于学生管理的理念缺失

新时代传统媒体和新兴媒体融合发展,需要管理者自身更新理念,通过学习新知识,将新的媒体技术运用到管理实践中。有部分高职院校的管理者日益认识到新媒体的影响,认识到传统媒体的作用,认为融媒体能够为学校的品牌形象树立起到积极作用。但有部分学生管理者思想陈旧,不愿意改变现状,认为融媒体只是概念,难以实施。在高职院校内部,由于思想不统一,严重影响到融媒体平台的建设进程。

(2) 高职院校运用融媒体的创新力不足

在融媒体背景下,高职院校学生管理各项事务之间的联系性、共享性、互补性决定了学生管理的实效性。由于融媒体时代每天产生很多的资讯,如何对海量的信息进行甄别、宣传,实现良好的育人效果,是值得思考的问题。融媒体背景下网络信息具有较强的动态性,很大程度上依赖于互联网技术。高职院校的教师要了解互联网相关技术,学会运用融媒体平台进行数据收集、分析、挖掘,也可以通过互联网的共享,提供示范课程,为全国范围内的高职院校教师提供便利。所以就需要学生管理各项事务的部门之间建立联系,实现信息的提炼、编译、共享,进而通过声音、视频、文字、图表等方式将高职院校学生管理所需要的信息展现出来,这对高职院校当前的信息处理技术、传媒技术、计算机硬件设备提出了很高的要求。目前,高职院校普遍缺乏专业技术性人才,因此,主要依靠简单的传媒知识。从高职院校学生管理人员的现状来看,管理队伍大多是处理行政性事务的管理人员,虽然经过了相对专业的信息技术培训,但是与数据信息技术所需要的高端人才相比,依然存在一定差距。同时,在高职院校学生管理队伍中还缺乏专业的传媒专业人才,这也制约到融媒体在高职院校学生管理中的创新应用。

（3）高职院校欠缺融媒体共享平台

大多数高职院校在新融媒体平台上发布的内容缺乏创新，内容选题重复度高，究其原因，是缺乏共享平台。各部门为各自利益，发布符合自身管理需求的媒体内容，各部门的管理职能并没有明确的界限，在传播内容上趋同。建立了共享平台，各部门之间可以进行联合，在某一主题之下，可以根据部门的职能进行创作，发布原创作品。例如，在学生的毕业季，招生就业部门可以针对就业问题向学生发送相关信息，教务处可以针对学生的成绩单进行说明，团委可以对学生毕业后团组织关系转接事宜进行温馨提醒，共同策划毕业季的内容，强化学生对毕业季的认识，了解相关的毕业事宜。融媒体共享平台可以实现资源互通互融，但现有的高职院校融媒体尚未实现资源的共享，各部门还在花费大量的精力和时间钻研融媒体技术。

部分高职院校的管理者与学生之间的信息共享相对缺乏。根据调查，目前高职院校学生参与到融媒体的工作面较小，但是一些学校的融媒体中心仍在做努力和尝试，如今年发布的《618摆摊大潮|看看你的专业，摆摊能干点儿啥？》紧扣"地摊经济"的热点话题，用诙谐幽默的语言，融入同学们所学专业，制作了以"看看你的专业，摆摊能干点儿啥？"为主题的新颖有趣的推文，引发师生热议传播。同时，把微信、抖音、快手等平台作为沟通学生、服务学生的平台，有效回复校园师生提出的问题。在大多数高职院校中，类似的新颖的推文所占的比例还是相对较小的，不能够满足高职院校学生的需求，并且总体来看，这方面还是相对薄弱的，无法与学生群体形成良好的互动态势。对此，学校新媒体中心应定期组织话题讨论，吸引青年学生参与其中。

4.政府政策亟须完善

（1）政府对校企合作引导不够，校企合作政策实效性低

通过查阅文献资料，政府在校企合作方面缺乏较有力的支持。校企合作不仅关系到高职院校的办学水平，更会直接影响高职院校的育人目标的实现。校企合作必须依赖政策的激励作用必须获得企业的大力扶持。大部分企业都不愿主动和高职院校达成长远合作，目前，不论合作内容还是合作形式都相对单一，大部分都是顶岗实习，不符合规范性以及长期性原则。部分高职院校和大量企业正式签署校企合作协作，但实际上依旧停留在实习、见习以及交流等低层次方面，没有真正参与人才培育的整个过程，尤其是教学计划、培养目标、课程开发等不同方面，大部分情况下只允许学生前往企业实习，从而造成校企合作不具备较高效率，

无法有效提高人才的综合素质，若要企业切实融入人才培育的整个过程，就要求政府提供相应的政策扶持。

（2）技能竞赛的主导作用不突出，奖励政策单一

职业院校技能大赛在竞赛内容设计、竞赛场景布局、能力展现等各个环节设计的主要目的就是考查学生综合素质，其中涵盖团队合作能力、交流沟通能力、计划组织能力、应变能力以及环保意识等方面，职业大赛为职业院校提升学生综合职业素养的教育教学改革提供了方向，引导了新环境新形势下的现代教育。学校将职业竞赛精神贯穿在日常教育教学管理中，学生也用职业竞赛要求去对照日常学习和生活，这些都是职业竞赛精神的延伸，可以有效提升学生的综合素养。

但在实际操作过程中，政府相关负责部门在主导作为高职院校最为重要的赛事——技能赛事时，更多的是将该赛事交由承办院校及竞赛技术支持企业完成，对竞赛规程的制定和赛事的监督力明显不足，进而造成竞赛中出现不良现象，违背了竞赛的育人初衷。另外，对于在省级技能竞赛中获奖的人员奖励政策过于单一，不能充分地调动学生的参赛积极性，没有最大限度地实现以赛促学、以赛育人的目的。

（3）人才引进政策缺乏创新，政策针对性不强

教师人才队伍建设是高职院校的立校之本和发展之源。高职院校稳定健康发展的核心便是人才培养质量，而高水平、高层次的教师队伍则是培养高水平技术技能型人才的关键。人才引进政策的宣传力度大小和宣传范围的广泛，对于人才的明确分类引进等因素都会影响地方政府对于高层次人才的引进，所以，人才引进的政策是否完善，是否建立了健全的人才奖励制度，是否根据情况的不同对人才进行物质奖励和精神鼓励，相关设施是否能够得到高层次人才的满意对于地方政府引进高层次人才都是极为重要的。

就目前看来，一些地方政府的高层次人才引进政策并没有完善，此外，引进高层次人才的相关政策的实施弹性较小，各地政府人才引进的政策大多数是指标形式的硬性政策，未能根据高职院校的实际情况制定引进政策，对从事学生管理岗位的学生管理人才关注度不够，未能有针对性地引进高层次人才，人才引进政策实施起来缺乏变通，所以，地方政府人才引进政策的实施效果并不明显。虽然地方政府投入了大量的财力、人力和物力，但是对于高层次人才的引进效果并没有那么明显，高层次人才匮乏现象依旧严重。

5.人才培养方式创新需要学生管理模式变革

伴随着我国高等教育大众化和"双一流"建设的持续推进，高等教育的发展重心已由之前重规模的外延式发展转向了重质量的内涵式发展，创新型人才培养目标的提出、学分制与弹性学制的推行、书院制等新组织形式的出现，也为高职院校学生管理带来了新的挑战。

（1）创新型人才培养提出了新的要求

信息技术的发展使知识生产、保存与传递让位于互联网络，社会生产方式的转变使经验模块化的工业制造让位于创新更替型智能智造，此时高职院校存在的价值使命发生了相应变化。其主要任务除了传统的传承文明与培养劳动者之外，更为强调满足知识经济增长、社会结构转型与综合国力提升的需要，从学生生命意义与个人价值的实现入手，培养能为各行各业发展做出创造性贡献的创新型人才。

一般而言，创新型人才理应是开放性、多元化与个性化的，不仅需要富有灵活、开放、好奇、冒险等个性，还要拥有拔尖的专业才能、敏锐的创新能力、较强的学习能力等智能，更需要具备强烈的社会责任感、崇高的历史使命感和永续的批判变革精神等品质，而这些素质多是在自由探索、民主探讨与宽松的环境中通过多元化与个性化教育培养而来的。但综观当前的科层化高职院校学生管理模式，过分强调以相对封闭的班级为基本组织单元来集中开展工作，依靠权力隶属关系对学生进行强制控制与规范管理，采用同质的、一元的标准进行统一评价等。凡此种种，皆表明学生被管得过紧与盯得过死，自主探索和自由学习的空间极其有限，无法保障学生的志趣挖掘、独立思考和主动创新。长此以往，在适宜创新型人才成长的多元化环境缺失的情况下，按照同一个标准和同一个规格培养学生，学生最基本的精神发展需求得不到满足，个性特点和发展潜质也得不到尊重和发挥，严重阻滞了其多样化、差异化与个性化发展，必然难以培养出助力于社会发展的创新型人才。由此可见，人才培养目标的转变向学生管理方式提出了新的要求，高职院校亟须建立能够确保精神自由与行动自主的管理模式，为创新型人才培养提供宽松的环境与合适的发展空间，使其能够作为管理主体来自主发展、尝试与探索。

（2）学分制与弹性学制引发新的问题

为全面优化创新型人才的培养过程，有效促进高职院校教育教学质量的提升，从而更好地满足网络时代对多层次人才的需求，我国高职院校普遍实施了学分制与弹性学制，以对传统的教学管理制度进行革新。与过去重教学目标管理而轻教学过程管理的学年制相比，学分制更强调对教学目标与过程进行统一管理，这一转变既为学生的自主学习、个性发展、特长发挥创造了条件，也给原有的学生管理模式带来了诸多挑战。

在管理理念上，学分制允许学生自主选择学习课程、进程、地点与方式等，使得学生在教育教学中的主体地位愈发凸显，学校必须将管理的关注点由行政事务转移到学生本身，主动适应学生的个性化发展需要，传统以制度为中心的管理理念显然与此相违背。

在管理形式上，课程的自由选择打破了学科、专业与年级的界限，班级的概念在此过程中逐渐被淡化，传统的学生管理失去了固定的实施单元。同时，随着可自由支配时间的不断增多，学生的日常活动空间也开始转向社区、宿舍或社团，院系对学生的掌握与控制力度日益弱化。这种松散式的教学与生活方式增加了管理对象的不确定性，难以依靠旧有的集中管理形式进行规范管理。

在管理方法上，学分制下的校园管理秩序极具动态性、灵活性与开放性，若继续对学生进行直接、有形与硬性的监督管控与纪律约束，不仅会大大增加学生管理人员的工作难度，还会限制学生自主性与创造性的发挥。此时就需要充分激发学生自我管理与自我约束的内驱力，推动管理方式由他律向自律转变。

在管理内容上，教学管理制度的变革导致学生面临诸多新问题，包括在充分拥有选择自由权的情境下，个人学习课程、培养目标与发展方向的确定；在各方面竞争日益激烈的背景下，个人学业压力、心理困惑与焦虑情绪的排解；在可自由支配时间增多的前提下，个人兴趣实践、社会实践与科研实践等第二课堂活动的参与；在毕业时间不一致的情况下，个人就业信息的获取、职业生涯的指导与就业派遣的办理等。这些情况倒逼高职院校根据学生多样化的实际需要，增添教育性、指导性与服务性的工作内容。

由此可见，学分制与弹性学制的实施为学生的自由发展拓展了空间，高职院校必须由有形、集中、硬性的管理模式向无形、松散、柔性管理模式转型。

（3）书院制等新的组织形式带来冲击

自由选课制、弹性学分制、后勤服务改革等推行后，学生生活区逐渐开始承担生活、学习和社会活动的诸多职能，由过去高职院校的学生管理盲区转变为教育重要阵地。为充分发挥这一地理区间的人才培养作用，部分高职院校在学生宿舍这个最基本单位的基础上，建立集生活空间与教学空间于一体的书院。毋庸置疑，组织形式的转变必然会引发学生管理的一系列变化。

首先，由于书院没有严格的垂直式层级关系，难以采用纵向形式传达行政命令与分配工作任务，书院的各管理部门与学生之间若要进行联系，一般多通过横向的双向反馈和多元沟通实现，这对自上而下的"命令－服从"的管理方式产生了冲击。

其次，由于宿舍替代班级成为书院的管理终端，学生活动区域分布便呈现分散的态势。为实现学生管理工作的全面覆盖，高职院校开始根据学生宿舍的地理分布情况进行网格划分，依据职责合理配置网格管理人员，基于大数据技术建设管理信息平台，进行信息化、数字化、智慧化的网格管理，这对传统以班级为载体的集中管理形式产生了冲击。

再次，扁平化的组织架构使得管理重心下移，除了学校与书院的管理组织机构对书院工作进行统筹指导外，还需要充分激发学生参与自治的主观能动性，由学生组成学生管理委员来实行民主管理，以及各学生自治组织和社团积极参与管理，这对管理人员的单一主体地位产生了冲击。

最后，由于书院承担着"全员育人、全过程育人、全方位育人"的使命，具有理念组织、文化组织、教育组织、学生管理组织、拔尖人才培养的复合型教学组织等多种性质定位，所以要求学生管理工作更需要聚焦于教育方面，如通识教育、思想政治教育、心理健康教育、学业引导以及行为养成教育等，这对传统重行政事务的管理内容产生了冲击。

总而言之，书院制具有管理层级扁平化、管理形式网格化与管理重心下移化的特征，为更好地适应这一新组织形式的需要，高职院校亟须将科层制下的集权式管理转变为松散型的互助式服务。

6. 社会交往方式变化推动学生管理模式变革

互联网信息技术的发展改变了人们的生活方式，网络社群逐渐代替科层组织成为交往的重要形式。这种交往方式对当今高职院校学生的思想观念、价值取向、价值观等方面产生了深刻影响，从而对高职院校学生管理模式提出了新的要求。

（1）网络社群交往提出管理变革要求

中国互联网络信息中心（CNNIC）于2020年9月最新发布的《中国互联网络发展状况统计报告》显示，截至2020年6月，我国互联网使用人数已攀升至9.4亿，互联网普及率已达67%，表明人们的身份由"社会人"逐步转变为了"网络人"。互联网的普及在一定程度上打破了时空的限制，以互联网为纽带的线上交往正成为年轻一代的主要沟通方式。特别是具有"数字原住民"特质的"00后"学生，他们更多地习惯于通过手持智能终端和海量的微型应用，根据个体需求组建或加入性质、类型、功能各异的网络社群，随时随地地在这些开放、互联、共享的社群平台，通过交流互动来寻找志同道合或处境相类似的人，主动与其进行以主体符号化、关系多元化、过程虚拟化与范围无限化为特点的自由交往，从而获得情感依托、精神共鸣和群体归属感。

一般而言，学生经常使用的网络社群类型覆盖到日常生活的方方面面，主要包括以 QQ 群、微信群、MSN 群等依托即时通信工具形成的沟通交流类社群，以依托微博、贴吧、知乎等网络应用平台形成的信息分享类社群，也包括以百度传课、新浪公开课、腾讯课堂等为代表的在线教育类社群，以豆瓣小组、QQ 兴趣部落、虎扑体育等为代表的兴趣爱好类社群，以大众点评、淘宝、口碑等为代表的生活服务类网络社群等。这些社群近乎与学生的多样化需求全方位对接，实现了与学生日常学习生活的全面融合。在此背景下，以封闭性、等级性、规范性为交往特点的科层化模式无法满足学生的交往需要，在管理过程中逐渐暴露出一系列问题。这些问题促使高职院校必须从学生的社群化发展需求出发，借助互联网信息技术来构建新的管理模式，以保证学生交往实践活动能够回归到社群本身。

（2）学生具备的时代特征变化引发管理问题

通过对网络社群运行的核心思路加以分析可知，网络社群的运行并非依赖单一主体的理性设计，而是更多地凭借群体成员的自发互动、建构与整合。正是在自主参与和共同构建社群的过程中，学生日渐呈现出较强的主体意识、参与意识、法治精神、民主精神等时代特质，不再停留于以往对权威毫无异议地接受，而是强调个人多元需求、自由选择、个性发展与人生价值的实现。

由此可见，学生所具备的这些时代特征与传统高度集权的科层化管理之间存在着明显冲突，主要体现在：权力高度集中的管理制度使得学生沦为被动接受管束的客体，其参与管理的自主性、自发性以及能动性在对上级指令的依赖中逐渐丧失；整齐划一的管理方式使学生的选择自由受到限制，严重阻滞了学生的多样化、差异化与个性化发展；以相对封闭的班级为基本组织单元进行集中管理，在一定程度上限制了学生跨学科、跨文化、跨地域的交流互动；依靠权力隶属关系进行制约的管理组织因缺乏必要的民主监督而滋生权力寻租问题，与学生接受长期教育所形成的公平、正义、秩序等法治意识背道而驰等。这些矛盾的日益显露使得现有的学生管理制度失去了应有效力，最终导致高职院校学生管理质量大打折扣。在此背景下，高职院校亟须引进与学生时代特征相契合的管理理念，对学生管理模式进行优化与革新，使学生通过自我管理、自我教育和自我服务来满足个人发展需求。

第三章　高职院校学生管理理念的创新发展

本章分为高职院校学生管理理念创新发展的重要性、高职院校学生管理理念创新发展的方向、高职院校学生管理理念创新发展的途径三部分。

第一节　高职院校学生管理理念创新发展的重要性

第一，创新学生管理理念是新形势下做好学生管理工作的首要条件和客观要求。随着我国改革开放的不断深化、市场经济的不断发展，高职院校学生接受、选择各种思想文化的机会越来越多，各种思想、价值观的形成必将对当前高职院校学生的思想、价值观造成极大的冲击，也对学生的管理提出了新的要求。目前，高职院校学生管理工作中还存在很多问题，主要表现为：高职院校学生管理工作仍然沿用传统的管理模式以及以学校为中心、教师为中心、忽视学生主体性的管理方式。

第二，创新学生管理理念是新形势下做好学生管理工作的逻辑起点和必要前提。当前我国高等教育正在从精英教育转向大众化教育，既要以学生为对象，又以学生为主体，既要严格管理，又要注重教育引导；在坚持"意志统一"的同时，也要注意保护学生的权利；要注重群体意识和社会需求，更要注重人的个人需求和素质的发展。为此，21世纪的高职院校学生管理应从改革管理观念入手，将其作为高职院校管理工作的逻辑出发点和必要条件。

第三，创新学生管理理念是新形势下做好学生管理工作的应有之义和关键所在。经济发展离不开人才，而人才要被社会接受，要把它变成生产力，才能真正发挥作用。时代变化激发理念变化，理念变化决定时代变化。思想不够先进，工作就不能有好的方向。新时期高职院校学生管理工作要实现现代化，首先要实现管理观念上的现代化。学生管理工作是高职院校管理工作的一个重要内容，它需要突破传统和现实的桎梏，克服"瓶颈"。在一定程度上，观念是经营的根本与先导，是经营的核心与本质，是做好管理工作的关键。

第二节　高职院校学生管理理念创新发展的方向

一、秉持生本理念

（一）以生为本理念释义

1. 以生为本的概念

关注、满足每位学生的个体发展及需要，把学生的根本利益作为一切活动的落脚点是以生为本理念所强调的。"以生为本"就是以学生为根本，这一理念具有尊重、平等、信任、发展的基础特征，拓展了"以人为本"理念在教育教学领域的应用。职业教育的办学主体是学生，坚持"以生为本"符合高职教育围绕人才培养的要求，也是明确高职教育发展路径的理论先导。新中国成立后到改革开放，再到新时期的教育都秉持着发展以人民为中心的教育原则。一方面，贯彻"以人为本"的管理理念是现代企业管理的发展途径，在尊重员工的基础上，企业必须充分发掘员工的积极主动性，发挥企业与人力资源价值双赢，才能实现新时代的可持续发展。另一方面，作为企业直接输送、以培养应用实践型人才为目标的职业教育，"以生为本"理念则是在教育管理领域的具体方向，是连接学校班级建设与学生全面发展命运共同体的具体实践。

通过梳理相关文献，可以发现研究"以生为本"理念内涵的内容和深度不够，研究的体系完整性不足。有专家认为"以生为本"理念的定义是，把学生的切身利益放在学校发展和工作开展的首位，营造充分服务学生个性、主动创新的教育环境，促进学生更好地发展并提升个人价值。也有学者认为，传统学生管理中的不足之处可以通过"以生为本"核心思想转变学生管理模式而得以改善优化。因此，可以将以生为本的学生管理界定为：以学生发展的实际需要，营造以学生为主体的民主、规范、创新型教育管理环境，使学生的主体性、自主性、创新性能够得到充分的启发和挖掘，为高职院校学生管理提供与时俱进的运行保障。

2. "以生为本"理念的内涵研究

从理论渊源来看，"以生为本"理念与古希腊教育家苏格拉底的产婆术、美国实用主义教育家约翰·杜威的教育即生长、伯特兰·罗素的自由教育思想等教育理念一脉相承，可以说，该理念是由"以人为本"发展演变而来的。追溯人本主义哲学的早期代表费尔巴哈，他主张要满足人的合理自然需求并适应人类社会的发展。19世纪时的著名心理学家卡尔·罗杰斯和美国教育学家盖尔·H.格里高利相继提出了"以学生为中心"的教育理念。1998年联合国教科文组织提倡以满足学生发展和需求为重点。

我国早在两千多年前便提出以人为本的思想，春秋时期的齐国政治家管仲说："夫霸王之所始也，以人为本，本现则国固，本乱则国危。"孔子的"有教无类"和"因材施教"的教育主张，蔡元培提出的"尊重人性，启迪智慧，完善修行"，他们的教育思想以激发学生学习的主动性和创造性为目的，重视学生的主体地位，实质上都是"以生为本"。有些学者认为"以生为本"理念的哲学基础源于中国道家的"无为思想"，即要顺应自然，发挥学生的优点和特点。自20世纪80年代以来，学生的主体地位就逐渐受到教育管理工作者的重视，全国教育科学规划领导小组提到，一切促进学生发展的活动都要体现其主体地位，让学生自主完成。20世纪90年代初，"以生为本"理念由我国知名教育家郭思乐教授为代表进一步深化：一切为了学生，高度尊重学生，全面依靠学生。

"以生为本"中的"生"包含两个层面，既考虑学生整体，也考虑学生个体；而"本"是指学生的根本，那么何为学生的根本呢？从教育学意义上看，促进人的发展是教育的根本目的之一，是培养学生全面发展的根本任务，随意发展并不符合社会发展需要。因此，我们将"以生为本"解读为"把学生符合社会发展需要的发展当作根本"，或者概括为"以学生为活动主体、责任主体，符合学生自身发展需要"。以学生发展为本，这是党中央提出的"以人为本"这一科学发展观的核心在教育领域的具体体现。新世纪的管理学理论均开始重视人文关怀，为培养和提升人的综合素质，尊重人的情感需求，紧密结合管理制度，从而激发被管理者的主动性。

（二）秉持以生为本理念的基本原则

1. 主体性原则

在学生管理中主体性原则是指在学生管理的过程中管理者要尊重学生的主体性，使学生可以学会自己管理自己，在完成群体性需求的同时也能够完成自身的需求。这个过程是要让学生可以主动地参与到学生管理中，并且明确学生就是教学和管理活动的主人。在过去的教育中很少会提到学生的主体性原则，学生的主体性常常被忽视，忘记了管理者需要培养和发展学生的主体性这一目的。传统的学生管理阻碍了学生的主体性发展。这种情况的出现就需要教育者对教育的主体和教育的目的有正确的认识。沈阳师范大学特聘教授孙绵涛认为，在教育管理活动中受教育者的主体性和施教者的主体地位都是一样重要的，都需要得到重视。教师要培养学生的自我意识，提高学生的自我能动性。

主体性原则的实施就是要确定人是管理活动的主体。人类本质力量的特性是人在认识世界和改造世界的过程中体现出来的，而这种特性可以通过人的主体性展示出来。在现代化教育改革中大力提倡以人为本的教育，要求教育者要注重人的主体性。高职院校的管理者需要为学生的主体性的发展创造良好的条件和氛围，使其可以充分挖掘自身的潜力，积极主动地参与到学生管理和自我管理中来。

人是管理活动中最活跃的因素，因此管理活动中最首要的任务就是对人的管理，并且为人创造一个可以发挥其主体性的环境。在人本管理活动中首先要确定学生的主体地位，有学者认为"学生是教育的客体，也是教育的主体"。学生管理活动中要调动学生的积极性，让学生可以在学生管理中发挥自身的主体性，使管理工作围绕学生展开。学生在教育活动中的特殊性决定了在学生管理活动中必须确立以学生为主体的原则。教育活动不同于其他的社会活动，它是人类社会中存在的，是一个以教育人、培养人、改造人为目的的社会活动。在高职院校教育管理的活动中，学生有着"主体"和"客体"两种身份，学校的教育管理活动需要学生的参与，因此，必须保障学生的主体地位。在任何一个管理活动中，尊重人的主体性、调动人的自主性和发挥人的创造性都是至关重要的。在教育管理活动中遵循以学生为主体的原则和确定学生的主体地位也是符合历史的发展规律的。

2. 个性化原则

学生管理中遵循的学生个性化原则是指，每个学生由于自身受到遗传、家庭成长环境、教育等各种因素的影响，会产生气质类型和能力的差异。在学生管理活动中，管理者需要正视不同学生之间的差异，不可先入为主地将学生在自己的心中固定为一个模式，不能用同一个标准来衡量每一个学生，要重视与尊重学生的个别差异性。管理者在具体了解学生的情况以后，面对不同的学生采取不同的管理与教育方法，帮助学生成长。

从人本主义的角度来看，人自身都有潜力，每个人的潜力都是不一样的，并且人的潜力发展的方向和发展的程度都是不同的。管理者需要运用不同的办法来激发每个人的潜能，只有管理教育的方法适当，才可以使人的潜能的发展速度和发展程度达到最佳的状态。在两千多年前便出现了因材施教的教育思想，这种教育思想要求教育者对学生实施不同的教育方式。但是，在传统的教育管理中，管理者常常忽视学生的个别差异性，采用固定的方式来衡量每一个学生，重视学生的分数多过于重视学生自身的发展。这样的教育方式压抑了学生的创造性和主动性，同时也使教师与学生的关系趋于冷漠。教育的目的是发展人，因为人是教育的核心。在学校中教育是为了提升学生素质、帮助学生成长，从而使学生可以实现个体的价值。在教育管理中，每一个学生都是有独特思想和鲜明个性的人，管理者应当重视学生的个性发展，为学生的全面发展创造灵活、科学的学生管理机制，营造和谐、温馨的学习环境，建立有助于学生个性发展的平台，以此来满足不同学生的需求。

高职院校人本化学生管理就是要将学生的发展放在第一位，学生是教育管理活动的核心，教师要善于发现学生的优点，对学生的长处加强锻炼，为培养出不同层次、不同规格的人才打好基础。与传统的教育方式相比，人本化学生管理更加重注重学生的差异性，教师运用因材施教的教育方式，采取不同的管理方法，使每一个学生可以得到自由的发展，充分发挥自身的潜力，在以后的学习中学有所成。个性化原则得到实施，就可以真正做到教育管理工作面向全体学生，每个学生都能得到合适的培养，为学生的发展提供无穷的动力和可能，培养出大量的不同领域的人才，为民族创新能力的发展提供助力。

3. 民主性原则

民主性原则是指每一个学生都是教学与管理活动中的主体，教师与学生共同设立民主的学生管理机制，保障全体学生都有参与到学生管理中的机会和权利，使学生在日常管理中感受到自己就是活动的主体，可以增强学生之间的团结性。学生是教学与管理活动中的主体，在学生管理过程中教师要运用民主的管理方式，需要每一个学生都参与其中，让管理者听到不同的声音，了解学生不同的需求，广泛听取学生的建议，将学校建设成为一个民主、友爱的大家庭。

高职院校人本化学生管理的发展需要建立人本管理的机制，需要管理者自身摒除在学生管理工作中包办的落后管理思想，积极为学生创造良好的学习和成长的条件，让学生可以有更多的方式积极地参与到学生管理中来。在学生管理过程中要相信学生，给予学生更多展示自我的空间以及适当的权利，让学生可以真正地融入集体。

民主思想的建设可以使人本化学生管理更加稳定，充分锻炼学生自我管理的能力，有利于群体智慧的发挥。人本化学生管理中实施民主性原则，也需要辩证地看待民主与集中的问题,既需要杜绝教师"一言堂"的可能,也需要防止极端民主的出现。学生管理要以学生为中心,鼓励学生认真参与、集思广益,共同为集体发展贡献自己的力量。

4. 激励性原则

激励的意思是指管理者通过某种外部的诱因来刺激被管理者,使被管理者内化为自觉行动的过程,其主要是激发人的动力,使之成为人的内在动机,转化为一种自觉的行为,从而能达到管理者预定的目标。激励性原则就是要在人本化管理中,激励每一个学生,使学生发挥自身的能力和特长,一起来完成自身的目标和实现教育管理的总目标。

在一个集体中,每个学生都有自身的需要。人本化管理的实施需要管理者找到学生的需要差异,根据这些差异采取科学的方法,将学生的潜在需求引诱导出来,促使它们转化为现实需求,进而转变成为学生内在的自觉行为。激励性原则的实施需要管理者在对待学生时要做到公正无私,不能以教师自身的喜好来区别对待。对优异的学生要多加勉励,防止他们骄傲自满,对落后的学生要发现他们身上的优点,鼓励他们努力进步。在制定教育管理目标时,要从整体出发,做到可以激励所有成员。教育管理目标是学生管理工作前进的方向,它可以引导学生奋进努力,激励学生完成目标。教师可以引导学生主动参与到目标的制定,包括自己个人的目标、小组的目标和总目标,采取相应的方法使这些目标更加具体转变为实际的行动。管理者对待不同的学生可以选择不同的激励方法,例如,设置目标激励、情感激励、鼓励激励等不同的方法,在尊重学生差异性的基础上来实施激励政策。

激励性原则在人本化管理中是需要建立在许多原则之上去实施的,人本管理机制的建立需要遵循这些原则才能到达预期的目标。管理者对学生的激励不仅可以使教育管理目标得到实现,更重要的是外部诱因转化为内部动机后可以让学生加强自我管理,增强学生自我管理的能力,这也是人本化管理的目标之一。

5. 管教结合原则

坚持管教相结合的原则能有效对接新时期高职院校学生的心理特点,要求规章制度的执行要与思想教育紧密结合,做到管理有据、教导有方。现在的高职院校学生大多数来自独生子女家庭,在他们的成长中,一直享受着百般呵护。面对这些"特殊群体",如果在管理上缺乏耐心细致的思想教育,管理的目标将无法实现。虽然管理与思想政治教育的内容和方式均存在很大差异,但两者的目标一致，都是服务学生。因此，在学生管理工作中，思想政治工作必须与管理同时进行。坚持"以人为本"，把着力点放在提高认识上来，充分调动学生的学习积极性和工作热情，提高其遵规守则的自觉性。高职院校要遵循管教相结合的原则，达到严格管理与思想教育的和谐统一。

6. 正面引导原则

在"以人为本"的学生管理工作中，必须遵循管理者正面引导原则，透过管理去引导学生，透过服务去帮助学生。从高职院校学生的年龄特点来看，他们正处于世界观逐步形成的关键节点，思想上积极向上，行为意识上模仿性强，可塑空间大。在这一时期很容易受外界意识形态的侵蚀和干扰，人生观和价值观也极易被社会上的不良风气所影响。

学生管理工作者必须拿出方案，正确引导学生，让他们的行为方式、生活方式、学习态度、人生观和价值观取向等达到大学阶段的成长要求，不断完善和提升自己，为将来踏入工作岗位做好充足的准备。

7. 管理育人、服务育人的原则

高职院校的教育本质上就是教师和学生双向的互动过程，学生扮演双重角色，既是教育管理的对象，又是学校服务的对象，学生管理工作便是浸润于服务工作之中。坚持"以人为本"，管理育人、服务育人是新时期高职院校学生管理工作的出发点和归宿，坚持以管理为手段、以服务为宗旨已突显出高职院校的基本原则，这也是学校的行为准则。

在具体的实施方法上，首先，可以充分发挥学生管理人员自身的表率作用，通过广泛接触学生，以身作则，言传身教，为管理育人、服务育人创造条件。其次，通过对规章制度的严格执行，要求学生切实遵规守纪，使管理工作顺利进行。学校提供服务和加强管理是紧密相连、相辅相成的，坚持把提供服务和加强管理紧密结合，起到良好的育人作用。再次，通过引导学生自我管理、自我服务的实践活动，活跃民主管理气氛。这样，既有利于培养社会活动能力，又有利于了解学校的学生管理工作实际情况，主动提出合理化建议，积极配合学生管理工作人员克服困难，提高服务质量。

二、秉持契约理念

（一）引入契约理念的必要性

在我国，随着高等教育大众化的到来，以往依靠职业学校的权威进行学生管理的传统模式已经不能满足我国的要求。随着我国现行的高等教育收费体制和现代民主法治社会的确立，高职教育与学生之间的关系出现了一种新的变革。学生们已经开始自己缴费上学，尽管他们缴纳的费用还不足以抵消生均培养的成本，但是，这种现象已经导致了高职院校与学生之间的关系从原来的垂直管理转向了通过花钱来支付教育服务的消费者关系。学生的权利得到了充分的重视，而在教育法律关系中，学生已经是一个独立的主体，这就要求高等职业学校在学生管理上要有相应的转变。

由于职业学校和学生之间的法律关系发生了本质的改变，因此，契约管理必须采用多种形式，严格遵循契约的各种原则。在学校为学生提供教学和生活服务方面，职业学校与学生之间具有同等的民事法律关系。例如，职业技术学院和学生有一种民事契约关系。考生报名及职业技术学院招聘，等同于签订契约时的要约与承诺；学生上学，要交学费，学校要为学校提供优质的教学和生活服务。在由学生支付、由学校和内部组织提供服务的关系中，学校和学生的地位是一样的，如果发生违反契约，就应该受到法律的制裁。此外，校内的行政工作不得侵害学生的财产权和个人权益。学生的消费属性决定了职业学校作为教育的公共部门，必须提供相应的公共服务和物质环境，这主要体现在教育质量、校园安全、教学设备、学习和居住环境等方面。在职业技术学院所提供的生活服务领域，职业学校不能以经营者的身份侵害学生的权益。

职业技术学院与学生的民事服务是一种具有同等效力的契约关系。学生享有充分的自由和平等的权利，并有权向学校要求优质服务，如学费、食宿、生活用品、网络服务、餐饮等，这些都是由高职院校承担的。学校与学生应当是一种平等的关系，即双方都有权利和责任。学校在对学生进行管理的同时，学生也有权为自己的利益辩护。学校没有了绝对的权力，也没有学生被完全的管理，两者处于同等的位置。当前，许多高职院校已经开始对学生进行宿舍管理、餐饮管理、网络使用管理、付费使用管理等方面的管理。但是，从多数职业学校与学生签订的契约来看，绝大多数的民事性质的合同都是流于形式的。

通过构建高职院校与学生之间的行政契约，使学生能够真正地参与到学校的管理活动中，充分发挥学生的主体作用，既能降低矛盾的产生，又能促进师生之间的合作，建立彼此合作、相互依赖、相互尊重、平等对话的良性互动。契约的运用和签订使得职业院校和学生在合同的维护下保持持续稳定的合作关系，从而促进了学校的稳定。

（二）契约理念的基本要求

高职院校与学生的契约性质，不仅是为了维持学校的正常运转，而且也是为了约束高职院校的权力，这就给高职院校的学生管理人员带来了新的挑战。

1. 平等对待学生

将契约平等的精神引进到教育管理中，让学生在与学校平等的基础上讨论教育行政的目的，从而降低教育行政中的不平等和专权成分。契约以平等、协商一致为前提，契约的形成是一个民主的过程，它充分反映了民主的性质和特点。现代教育行政在法定的条件下，具有裁量性和能动性，引入契约观念，既符合依法行政的要求，又能运用契约的方式灵活地处理学生管理中出现的复杂、动态和难以预料的问题。

2. 尊重相对人意志

将契约的自主性引入教育管理中，让学生有选择的权力，讨论的过程也是对自身利益的权衡，而选择则是契约精神的一种必然。行政契约最大的优势与作用在于选择如何构建交流通道。而普通的行政行为则缺少交流的作用。契约是一种制度、一种观念、一种方法，它已经被建立、吸收并广泛地运用在行政运作的秩序之中。在行政法领域，我国学者对于契约是否可以运用在行政权力的行使过程进行研究；关于行政契约的存在、性质、基本类型等一系列问题，可能存在着许多不同的观点。鉴于教育行政的民主参与、教育行政方式的多元化以及教育行政的目标，应该允许"讨价还价""议价行政"。

3. 重视学生的权利

在行政合同中，也存在着相对人，即学生的权利。在实施行政合同的过程中，高职院校在尊重学生的权利的同时，也在保障学生权益的实现上对其进行了约束。鉴于职业教育的权力约束和职业学校与学生的行政合同的特殊性，在制定行政合同时要注意：一是职权约束，高职院校应在法定权限内订立行政契约，不得超越其权限；二是对法律的制约，高职院校签订行政契约时，不能违背相关的法律法规；三是内容限制，行政合同以公共利益为目的，其内容不能与社会公益相违背。高等职业技术学院作为行政合同的主体，在行政合同形成过程中，很容易出现滥用职权等情况，例如，将行政合同与行政命令进行同构，强迫学生签订行政合同；部分职业技术学院存在着滥用选择权和"暗箱操作"等现象。因此，行政合同的内涵与目标应受到一定的制约。

在高职院校的学生管理中，注重契约的精神、观念、手段和机制，并非指以"契约"代替"权利"。高职院校学生管理的权利依然存在于教育法中，并具有其应有的功能。由于合同体现了人性尊严、平等诚信、公平责任等特点，因此，在高职院校实行合同管理，有利于加强师生之间的合作，提升学校教育服务水平。

三、秉持立德树人理念

（一）立德树人理念释义

1. 立德树人的历史追溯

在"立德树人"这一理念中，"立德"在前，"树人"在后。我国是一个讲德、求德、行德的国家，自古以来，就将培养学生的道德情操、提升学生的道德素养置于教育的重要地位。"立德树人"思想在我国由来已久，在对其进行追根溯源的过程中，可以看出"立德"和"树人"分别有其特有的发展脉络。

"立德"一词最早可追溯到先秦时期的《左传·襄公二十四年》一文，叔孙豹认为："太上有立德，其次有立功，其次有立言，虽久不废，此之谓不朽。"从三者的先后顺序可以看出，古人圣贤对立德的重视程度是优于立功和立言的，这充分显示了修身养德在人们成长发展中的极端重要性，更是凸显了德育在中国古代教育中的重要地位。由此可见，早在孔子之前，德行的培养就已经在思想教育工作中占据首要地位。儒家的"仁、孝"、道家的"道"、墨家的"兼爱"、法家的"法"，都是在培养人基本道德规范的基础上建构起来的。古人圣贤纷纷将树立高尚的道德情操作为人活一世的最高价值追求，凸显了道德品质和道德素养在为人处世方面的重要意义。

"树人"一词最早可追溯到春秋时期，管仲在《管子·权修》中提出："一年之计，莫如树谷；十年之计，莫如树木；终身之计，莫如树人。"在此论述中，管仲将培养人才与种植谷物、树木相类比，不仅深刻阐释了培养人才的重要意义，而且着重强调了人才的养成并非在朝夕之间，而是一个百年大计的过程，突出了人才培养的艰巨性和长期性，凸显了人才培养对于社会发展的重要意义。

在对"立德""树人"进行词源追溯的过程中，可以看出古代文人志士都着重强调"立德"对于人们自身发展的重要意义，重视"树人"对于推动社会发展进步的重要作用。立德，就是要培养高尚的道德品质；树人，就是要培养具有专业知识和技能的高素质人才。二者共同造就了中国教育发展的独特精神。立德树人的内涵在中华民族悠久的历史长河中不断发展变迁，形成了极为丰富的内涵意蕴和独特的民族精神，为我国教育事业的发展提供了重要依据，为高职院校教育管理工作的开展打下了坚实的基础。

2. 立德树人理念的新时代意涵

时代在变迁，社会在发展，人们的价值观念也较之前有所不同，道德规范也在不断地演化和建构。当前，立德树人已经成为教育的根本任务，其内涵也体现着鲜明的时代特征。习近平总书记强调："人无德不立，育人的根本在于立德。这是人才培养的辩证法。"立德即树立德行，主张人们能够在日常学习、工作和生活中注重道德养成，并将之作为规范自身言行举止的标杆，是一个将"德"内化于心的过程。立什么"德"，从"德"的内容来看，"德"不仅仅是道德知识，更是道德品质、道德情操、道德意志、道德行为；从"德"所属的主体来看，学校层面的"德"，有两个方面的含义：一是立师德，即不断加强教师的师德师风建设，教育工作者要真正做到以德为先、以德立身、以德施教，做学生良好道德行为的模范；二是立生德，即不断提升学生的道德水平、政治素养和理论涵养，在潜移默化中引导学生心怀大德、严守公德、以德修身。树人是指在"以人为中心"理念的指导下，通过科学合理的教育教学方式将人培养成才的过程。树什么"人"，指的就是培养什么人的问题，这是教育的终极目标，也是解决教育根本问题的关键。党的十九大报告明确指出，立德树人所树之"人"是"担当民族复兴大任的时代新人"。

"立德"和"树人"是辩证统一关系，"立德"是为了"树人"，"树人"是目的，是教育的根本价值追求。立德树人是高职院校人才培养的重要内容，事关教育事业发展全局。立德树人这一根本任务的提出，不仅将思想政治教育的重要性提升到新高度，而且明确了良好道德品质的形成对于个人发展和社会进步的重要价值，明确了新时代高职院校学生管理工作努力的方向和重点。

（二）秉持立德树人理念的必要性

1. 培养德才兼备的职业人才的内在要求

当今时代，人民群众对社会服务的质量有了更高的要求，这就意味着对不同职业的工作者有了更高的要求。高职院校学生作为我国职业人才的后备军，高职院校对他们的管理教育要进行适当改革。

2018年9月10日，习近平总书记在全国教育大会上强调，"要深化教育体制改革，健全立德树人落实机制，扭转不科学的教育评价导向，坚决克服唯分数、唯升学、唯文凭、唯论文、唯帽子的顽瘴痼疾，从根本上解决教育评价指挥棒问题"。高职教育作为高等教育的重要组成部分，也是我国家培养职业人才最主要的方式，为了满足人民群众对社会服务的更高要求，就要秉承德育为先的教育理念，转变以职业能力为主体，评价指标只重技能不重视道德水平的实用型人才的培养模式，树立起培养德才兼备的职业人才的管理目标。

高职院校要实现德才兼备的职业人才培养目标，首先要转变管理思想，管理者要在工作中践行立德树人理念。立德树人，强调德育为先，在人才培养中要把德育摆在第一位。做一个有德行的职业人才，一身的高超技能才能更好地为人民服务。立德树人理念与德才兼备职业人才的培养模式，有着相同的育人理念。在重视德育的基础上，也重视对高职院校学生职业技能的培养。在高职院校管理工作中坚持立德树人理念，是培养德才兼备职业人才的内在需求。

2. 加强高职院校管理服务建设的必要前提

管理从根本上说就是人的活动，是以人为核心的，体现的是人的本质力量。从当前的社会发展和教育发展来看，推行"立德树人"的高职院校管理理念必须重视人的因素，重视人性化管理，树立服务理念。服务，即为了满足顾客需要，供方和顾客之间接触活动以及供方内部活动所产生的结果。通俗地讲，服务就是为了满足他人利益而进行的活动。

高职院校管理服务建设依托于全方位服务平台，渗透到学生的日常学习和生活中，满足学生不同的需要，解决道德建设和实际相结合的问题。在服务建设中，服务内容、服务方式的设置等，应该全面指向育人，为学生全面发展创造条件，致力于培育学生的综合素质；将立德树人作为指导思想进行育人工作，这就是以"服务"为核心的高职院校学生管理工作的方针。

3. 深化高职院校学生管理工作改革的内在需要

高职院校是教育体系的核心和支柱，它以人的发展为中心，以育人为教育目的，根本目标就是提升被教育者的道德品质和生命价值。在教育管理体制中，德对于人才评定标准有直接的、重要的影响。高职院校学生管理工作必须全面贯彻党在育人方面的大政方针，保证培养目标，服务于全面发展的人才培养。因此，在社会发展、社会变革不断凸显的今天，重视高职院校学生管理工作中的"德"的问题越来越受到重视，显得尤为重要。

彰显立德树人，必须通过对学生的教育和管理才能实现，而高职院校学生管理工作又必须结合德育才能得到贯彻。离开德育，只谈制度，靠行政命令解决各种问题，不能达到管理学生的应有目的。脱离了制度的德育工作就会无章可循，也就失去了德育工作的基础。高职院校学生管理工作，要求培养学生自觉遵纪守法的行为操守，形成良好的道德品质；也要求将工作与立德树人理念有机地结合在一起，以提高学生的综合素质，培养社会主义现代化事业的合格人才。

4. 传承社会主义核心价值体系的根本要求

党的十八大报告强调"要深入开展社会主义核心价值体系学习教育，用社会主义核心价值体系引领社会思潮，凝聚社会共识"；强调要"倡导富强、民主、文明、和谐，倡导自由、平等、公平、法治，倡导爱国、敬业、诚信、友善，积极培育社会主义核心价值观"。这充分表明了党在社会主义核心价值体系建设中做出的重大理论创新。三个"倡导"分别从国家、价值导向和道德准则等层次提出具体要求，也实现了国家、集体、个人在价值目标上的统一。随着经济体制改革的纵向加深、人民思想日益多元化，高职院校学生受到各种思潮的冲击，思想表现出独立性和差异性的特点，在高职院校中深入开展社会主义核心价值主题教育，有利于社会"正能量"的广泛流传，减小多重价值观念带来的不良影响，使社会主义核心价值观深入人心，把学生培养成有利于国家、有利于人民、有利于社会的人。

提出社会主义核心价值体系，有利于引导全社会在思想道德上共同进步。立德树人所立的"德"，不仅仅是指道德品质和道德能力，还包括理想信念、人生价值追求和法律素养等，它是一个人的思想政治素质的综合体现，是一个人世界观、人生观、价值观的集中反映。立德树人所树的"人"，是有理想、有道德、有文化、有纪律的德智体美全面发展的社会主义建设者和接班人。社会主义核心价值体系融国家层面的价值目标、社会层面的价值取向和个人层面的价值准则为一体，明确了立德树人的价值依据和价值标准，明确了新时期"德"的科学内涵。积极培育和践行社会主义核心价值观，是新时期赋予立德树人的新任务、新要求，也是立德树人的必经之路。

5. 培育全面发展人才的重要保证

《国家中长期教育改革和发展规划纲要（2010—2020年）》提出，要"树立科学的质量观，把促进人的全面发展、适应社会需要作为衡量教育质量的根本标准"。党的十八大报告指出，"教育要为社会主义现代化服务、为人民服务，把立德树人作为教育的根本任务，培养德智体美全面发展的社会主义建设者和接班人"。培养人才是高职教育的根本任务，是高职教育核心价值的体现。坚持立德树人、培养全面发展的人才是当代高职院校德育的必然要求和重要内容，具有重要而深远的意义。

高职教育要育人为本，育人为本要以德为先。立德树人不仅强调了思想道德建设的重要性，旨在培养德智体美全面发展的人。司马光在《资治通鉴》中说道："才者，德之资也；德者，才之帅也。"意思就是，才学是德的资本；而德行是才学的统筹。可见，立德、做人始终在先。朱熹在《白鹿书院揭示》中指出道德是人才培养的核心。在高职教育中，培养出具有优秀品德的人比培养出只拥有丰富技能的人更重要。通过培养公德意识，引导高职院校学生建立正确的人生观、世界观和价值观，成为有道德有素质的良好公民。

（三）秉持立德树人理念的基本原则

1. 合法性原则

理论上讲，在明确高职院校管理职能和职责的基础上，应给予更多的自治权。但实际上，高职院校管理者在行使自主权力时，既要遵守相关法律的规定，不能逾越法律的界限，也不能违背法律的精神和基本原则。依法治国，建立社会主义法治国家，是我国的基本治国方略。完善社会主义法治体系，推进社会主义政治文明建设，是建设小康社会和构建社会主义和谐社会的重要内容。高职院校在制定相关管理政策以及政策执行和进行相关后续管理的过程中必须坚持并遵循"依法治教、依法建章、依法管理"的原则。在具体形式和内容中，充分体现严格遵循国家的法律法规建章立制。

2. 科学性原则

科学性原则要求高职院校以科学的理论为指导，遵循高职院校管理的客观规律，并以科学的态度研究、处理管理中的问题，并善于用科学的手段来管理学生工作。高职院校学生管理包括认知和实践两方面，是以科学的认知指导实践，在实践中不断检验认知，不断更新认知，加深对学生管理工作的理解。对学生的管理不是一成不变的，管理的内容、方式和方法取决于学生的需要。这都是高职院校学生管理应遵循的客观规律。但是随着社会变革和教育的发展，新问题层出不穷，高职院校学生的思想和行为呈现多元化的特点，在道德认知和道德行为上也存在一定的偏差，无形中加大了高职院校学生管理工作的难度，对高职院校教师和行政管理者提出了更高的管理要求，要求他们不断用新的思路、新的理念去解决问题。

3.人本性原则

高职院校是培养人才的基地，学生管理不应该是束缚学生、制约学生思想和个性发展的规定，而应是用来引导学生建立健康、道德的人格的。学生管理工作的人本性就是要以人为根本，把人的价值放在首位，尊重学生、发展学生，让学生通过道德实践等途径实现育人目标。在传统的高职院校学生管理工作中，首先考虑的是社会对人才的需求，把这种需求作为高职院校培养人才的目标，较少关注学生自身的发展，这使学生管理具有局限性。好的管理就是要以学生为出发点，以人性为基础，尊重人的全面发展。高职院校管理者要以满足学生的发展为管理任务，全面了解学生的需求。

4.整体性原则

坚持高职院校学生管理工作的整体性，就是要把高职院校学生管理工作当作一项系统工程，从整体上进行部署，整合各部门、人员力量，着眼于各种要素之间的契合性。坚持高职院校学生管理工作的整体性要求管理者审时度势，全面分析当前的形势、全面了解学生的需求，不断调整管理策略和管理方法，进行弹性管理，适应时代变化。

此外，坚持高职院校管理工作的整体性还要密切关注各个管理部门的配合，不仅要各司其职完成自己部门的工作，还要相互协调，这样才能全面提高管理效能。作为高职院校学生工作的管理者，必须对学生工作有一个整体的把握，让每个参与到学生管理工作中的部门和人员明确自己的责任和目标，如此才能更好地完成对人才的全面培养。

四、秉持柔性管理理念

（一）柔性管理理念释义

1.柔性管理理念的内涵

在管理学领域，柔性管理在研究人的心理和行为规律的基础上，采用非强制方式，在人们心里产生一种潜在说服力，进而把组织意志变为个人自觉行动。柔性管理的重点在于"非强制""潜在"和"自觉"，既体现了"管理的本质是控制"，又抓住了"管理的核心是协调"。其"柔软化""人性化"的特点，与刚性管理的"强制性"和"不可抗性"形成鲜明对比。但总的来讲，柔性管理与刚性管理既有区别，又有联系。

一方面，柔性管理与刚性管理的区别呈现在二者的出发点、管理方式、应用环境、管理对象、激励手段等方面。刚性管理的出发点多为制度，管理方式上更偏向于自上而下，主要靠制度约束和权责限制来对组织进行命令、监督以及控制；而柔性管理的出发点则是人，管理方式更偏向于向下授权，使用启发、引导、支持等非强制的方式，更多地依靠组织的文化氛围和群体价值观对组织成员进行启发、鼓励和引导。刚性管理更适合应用于较为稳定的组织环境，管理对象的素质水平和需求层次普遍不高，多以物质激励为主；而柔性管理则适用于组织处于快速变化或变革的时期，管理对象的素质水平和需求层次都有一定程度的提高，因此将精神激励作为优选。

另一方面，柔性管理和刚性管理在具体的管理过程中并不是非此即彼的关系。两者各自具备优缺点，不能单方面地评价孰优孰劣，也不能只靠其中一种管理方式实现最优管理。换句话说，两者是相辅相成，相互渗透的，在管理工作中常交替出现，形成"恩威并施"的管理模式。刚性管理往往是管理工作的基础和前提，倘若组织中没有规章制度的约束，就会出现混乱无序的情况。柔性管理在组织中充当中和刚性管理的"润滑剂"，在规范管理的过程中渗透一丝"人情味"。只有实现两者的均衡搭配，才能够最大限度地实现科学有效的管理。至于是以柔性管理为主还是以刚性管理为主，要看组织的管理对象的特点以及组织的管理文化及现状需求等多方面内容。

通过相关研究可以发现，柔性管理的职能相较于一般的管理职能更侧重于教育、协调、激励和互补。因其管理对象是有人格尊严的人，故更强调"以人为中心"，绝不是仅靠冰冷的制度条文进行约束。

柔性管理理念强调，在管理过程中既要实现控制，又不能强行约束；要使被管理对象能够按正常的心理和行为规律获得潜移默化的影响，进而能够自发地实现管理的目的。可以说，反对强硬管理手段的软控制是柔性管理理念的本质。

2.柔性管理理念的特征

（1）强调管理方式的灵活性

相较于传统的刚性管理模式而言，柔性管理的方式更加多样化、人性化，也更具有灵活性，柔性管理能更好地适应外部环境的变化。就高职院校的学生这一群体而言，学生与学生之间在某些方面存在着较大的差异，如学习态度、行为习惯、心理意愿等，所以对这一部分学生进行管理是比较复杂的。仅仅依靠规章制度对这类学生进行有效管理是不现实的，而柔性管理恰好提倡稳中求变的管理方法，通过采用多样化的管理方式，对于学生管理中存在的问题做到具体问题具体分析，更适合高职院校学生的成长发展要求，也更有利于管理目标的实现。

（2）强调作用机制的持久性

柔性管理的目标是把外部的管理规定转化为学生内心的自愿承诺，并且最终把内心的承诺转化为自觉行动。对于高职院校学生这一群体，由于他们的文化素质参差不齐，学生之间存在的差异较大，高职院校管理者在进行管理时，如果想让学生把自己内心的自愿承诺转化为他们的自觉行动，就需要长期不懈的坚持。而这种转变一旦实现，学生的认知和情感就会相对独立，也将会对学生产生强烈而持久的影响。在高职院校的学生管理中，相较于刚性管理而言，柔性管理的作用机制更加持久稳定。

（3）强调管理视野的开阔性

柔性管理强调在开展学生工作时要用发展的眼光看问题。在柔性管理模式下，管理者要不断提升自身各方面的综合素质，对学生管理工作中存在的问题运用科学有效的方式进行综合考量，而不是单纯就学生的一时表现进行片面的评判。在学生管理的日常活动中，管理者需要深入学生的实际生活，了解学生的真实生活情况与内心发展需求，不断加强与学生的沟通交流，让学生充分的信赖，与学生之间搭建情感的桥梁，获得学生的认同与信任，与他们有共同的语言，从而能够从更开阔的管理视野来开展学生管理工作。

（4）强调内心情感的感应性

人际关系的和谐和人类情感的建立大都基于彼此的尊重和理解，柔性管理通过情感认同和心灵沟通而非硬性制度和高压强权对被管理者施加影响，调动他们的潜在积极性。当管理者和被管理者拥有这种情感感应时，就会化解强势与屈服的管理关系，通过潜移默化的影响激发人的自觉意识和自发行为。

（5）强调管理内容的塑造性

短期服从不代表管理的成功，柔性管理不满足于表面暂时解决问题，而是致力于解决前后各阶段的问题。管理者不仅要处理个体和个别事件，更要创设良好的组织环境，将各类因素统统纳入管理范畴中；不囿于传统僵化的思想，与时俱进地运用现代先进的管理智慧对管理对象加以引导和塑造。

（二）秉持柔性管理理念的必要性

随着社会的进步和高职教育体制改革的不断深入，传统的刚性管理模式已经难以满足时代发展的需要，逐渐会被历史抛弃，当然它也不再能够满足现代职业教育管理的创新与发展。对正处于理性与非理性转折期的高职院校学生而言，心理上的尊重很重要，他们渴望被理解、被尊重，而简单粗暴的刚性化管理模式恰恰缺失这一点。单纯的制度约束与量化考核，忽略了学生个体的差异，很多时候让学生在心理上未感受到被尊重，而只是强制性的硬性要求，以至于他们不愿配合学校或者教师的管理工作。

柔性管理则不同，它是比较注重构建轻松、和谐的环境氛围，以及用平等愉快的交流方式来达到管理效果的一种模式。在学生管理的过程中，管理者积极与学生沟通交流，做到尊重学生，与学生平等相处，试图通过构建平等交流的氛围来挖掘学生内心深处的真实想法，从而不断激发学生内在的潜能、调动其自身的主动性和创造性，让学生从潜意识里理解并接受这种管理形式，进而潜移默化地改变他们自己的行为，弥补了刚性化管理的不足，形成一种宽松和谐的教学管理环境，以达到组织管理的目标。

1. 适应学生身心发展特点的内在要求

由于绝大多数高职院校的学生生源质量相对较差，学生的素质参差不齐，尤其是现在的"00后"学生群体，他们思维比较活跃，个人自主性及独立意识更强，缺乏团队合作精神，逆反心理也比较强，这就使得他们不愿接受别人的意见，更加渴望民主、平等和尊重。再加上网络的快速发展，各种社会思潮的相继涌入，不断冲击学生已有的人生观、价值观及世界观，造成他们思想方面的独立性、差异性等日益增强。但多数高职院校学生的自控力和自我管理能力又相对较差，这就会加大高职院校学生管理的难度。因此，在进行柔性管理时，必须在严格管理的基础上，充分尊重学生的个性特点，针对不同类型的学生采取不同的管理方法，提高学生管理的成效，促进学生全面健康的发展。

2. 柔性管理可作为刚性管理的补充

刚性管理模式强调制度的规范、秩序的有序，比较注重工作的效率，更注重体现管理过程的公平、公正。但刚性管理也存在着一定的缺陷，由于它很少顾及被管理者的个人感受，缺乏对被管理者的人文关怀，严重抑制了被管理者在轻松愉快状态下工作和学习的积极情绪，所以很难充分调动他们的主动性、积极性。刚性管理在管理方式上教条死板，缺乏灵活性，很容易导致学生管理的不和谐。

相较于刚性管理，柔性管理除了具有一般管理的特点外，它还有自身独有的特性，包括计划性、组织性、协调性等。柔性管理强调管理方式上的灵活多样，以及管理方法上的非强制性。在柔性管理的具体实施过程中，比较注重人的情感和内心感受，它允许个体之间存在着一定的个性差异，通过对学生潜移默化的影响，最终转变成学生的自觉行为。通过对学生管理的柔性化，不断提高学生学习的积极性、主动性和创造性，以达到较好的教学管理的效果。

3. 柔性管理符合高职院校的培养目标

在管理学生的过程中，高职院校应坚持以生为本的柔性管理思想，加强学生个性化的发展，全面提高学生的综合素质，进而满足我国现代化经济建设发展的需要，为各个行业及领域培养大量的技术人才。高职院校的学生既要动手能力、实践能力强，也要具有专业的知识储备，满足各种不同现代化企业的实际需求，从而不断提高学校的就业率。在对高职院校的学生进行管理时，在遵循制度要求的前提下，实行适当的柔性化管理，不仅有助于提高管理的成效，而且有助于高职院校培养目标的实现。

（三）秉持柔性管理理念的基本原则

1. 发展目标导向原则

明确的奋斗目标能将人的需要变成动力，给人克服困难的勇气，一步步地向目标迈进。一个共同的奋斗目标能对群体的行为产生凝聚作用，增加集体的向心力。举例来讲，辅导员对班级进行管理的过程中，在坚持传统刚性管理的基础上，应适当融入柔性管理，以发展目标为导向。从班级创建开始，就把全班同学凝聚起来，统一大家的思想认识并提出团结奋进的班级奋斗目标。以此为基础，与学生进行深入的沟通交流，使奋斗目标深入人心。教师要向学生解释清楚，为什么树立这个目标，以及树立这个目标的意义是什么，同时对学生所需承担的任务进行细化。在对班级进行管理时更加注重创新精神和实践能力这两项评价指标，并且对其进行动态调整，这样构建多元化的动态评价机制就显得尤为重要。由此可见，对学生进行管理时，以发展目标为导向，通过采用柔性化的管理方式，可以提高学生管理的效率。

2. 尊重个性选择原则

实施柔性管理讲究的是潜移默化的影响。由于学生各自的成长环境不同、能力高低不一、个性化差异较大等，因此十分需要教师能耐心寻找并发现他们独特的个性品质。教师应通过柔性管理引导并帮助学生树立正确的是非观，努力为学生提供各种能够展示他们个人才华的社会实践机会，让他们知道自己能行，只要努力就会有所收获；让他们在不断的尝试中体验成功带来的快乐，使他们拥有积极乐观的精神，充满自信，养成良好的习惯，敢于思考，敢于实践，在各自原有的基础上全面健康的发展。在推进学生管理的过程中，教师应将学生当作管理的主体，平等地对待学生，充分尊重每个学生的个性和差异，注重维护他们的个人尊严，这样不仅可以增强他们的自信心，而且有利于促进学生的个性化发展，在刚柔并济的管理模式下，使学生管理的氛围更加和谐。

3. 情感化管理原则

情感化管理是柔性管理的一种手段，注重在交往中关系的平等、内心世界的被注重以及个人想法的被尊重。高职院校的学生正处于青春发育期，他们对新事物的追求与探索欲望比较强烈，又渴望自己的行为和想法能够受到关注和尊重。作为管理者，在开展学生管理工作时，要能够深入学生的实际生活，注重与学生之间的沟通交流；要能够关注到学生内心的真实想法，走进他们的内心世界，必要时能够与学生在情感上达到共鸣，让学生体会到被理解、被尊重、被支持，这样能够获得他们的信任。

柔性管理强调师生之间的情感感应，主张在相互理解、信任、尊重的基础上，管理者与学生之间可以畅所欲言、轻松交流，达到心灵之间的深度沟通。把柔性管理运用到学生管理中，管理者要能够做到以身示范，用自己的实际行动来影响学生，使他们在不知不觉中受到熏陶，进而引导学生学会自我约束、自我管理。同时，也给学生更多的思考空间和自主选择权，逐步形成和谐、民主、上进的管理氛围。

4. 刚柔并济原则

刚性管理与柔性管理是两种截然不同的管理模式，互为补充，各有利弊，但都有其合理性。刚性管理是一种制度化的管理，可以用来约束及规范教师及学生的行为。学生管理不仅需要制度的约束，而且需要科学规范。在进行管理的过程中，如果没有学校管理人员的管理，而是仅仅依靠简单的学生管理，那么很容易造成学生管理的混乱和松散。但由于高职教育有其自身的独特性，在进行管理的过程中，不仅需要严格规范的制度管理，还须为学生创造条件以提高其创新和实践能力。在这种情况下，就需要刚柔结合、学校管理与学生自主管理有机结合，既发挥管理者在学生管理过程中的主导作用，又注意调动学生的主观能动性，让学生学会自我管理。

第三节　高职院校学生管理理念创新发展的途径

学生管理工作是高职教育中的重要软环境之一，对于培育青年学生有着不可替代的作用。因此，必须秉承突出重点、紧贴实际、以人为本的管理理念，大力发展和实践学生管理工作。

一、突出思政教育，树立学生的理想信念

在经济全球化进程飞速发展的今天，整个社会对人才的需求和对人才素质的期望也随之"水涨船高"。在这样的国际大环境下，我国也要顺应时代的潮流，加紧培养遵循国家利益至上的优秀人才，要做到这一点，思想政治教育必不可少。

思想政治教育是我党我军的优良传统，战争年代就发挥了巨大的作用。在当今信息爆炸的新时代，我们更要充分利用这一传统优势，把思想政治教育融入学生工作之中，利用任何可以利用的时机和场合，对学生进行教育，坚定他们的理想信念，培育他们的核心价值观，教育他们要诚信守法、热爱国家并对社会有责任感。

二、紧跟学生需求，推动学业不断进步

管理工作者要多与学生接触，摸清其理性的需求。只有从学生的理性需求出发，有针对性地开展教育管理活动，才能获得普遍认同。管理工作者要经常和学生在一起，最好是与其结交为朋友，获得学生的信任，这样才能客观充分地了解学生的需求。每一名学生进入高职院校，最重要的目的就是获得良好的职业教育，掌握未来发展所需的各种素质。这种需求就是一切工作的基础，因此，要帮助学生树立积极的学习态度、营造良好的校园学习氛围。我们要重新架构新的管理工作机制，建立"飞行器"式的模式，所有的飞行器都由主体和机翼组成。在主体方面，要注重培养和引导学生的主观能动性，激发他们的创造性和创新能力。在机翼方面，要善于区别和分析学生群体中的橄榄球的两极，一头是优秀群体，一头是弱势群体。针对这种情况，高职院校学生管理的主要工作方法就是抓两头促中间，通过激励优异、帮助后进，从而达到共同进步和整体提高。此外，也可以尝试建立预警机制，对个别学习成绩不理想的人员要主动靠上去帮其分析原因，做好有针对性的干预措施。

三、坚持服务至上，为成长成才牵线搭桥

学生的成才是学生管理工作的终极目标。我们强调学生管理工作就是为学生的成长成才保驾护航。要做到这一点，就要树立服务至上的理念，加强学生管理工作的服务职能；要营造浓厚的学术学习氛围，要建立各种形式的成长激励机制，要搭建主动实践的平台。在提供的服务中，尤其要侧重对个人职业规划的指导和对心理健康的疏导。现在，学生一毕业就立即面临前所未有的就业压力，并由此引发出了各种心理健康问题。所以，学生管理工作者要与高职院校的相关部门密切配合，加强规范化的就业指导，并从学生入学伊始就建立个人成长档案，指导其进行职业规划。要与学校心理学从业人员加强合作，通过心理测试和平日观察，对有心理问题的学生及时进行心理疏导，把问题都解决在萌芽状态。

四、做到尊重理解，营造平等开放的软环境

尊重是成熟社会的公民应该具备的基本素质，对于思想活跃、充满能量的高职院校学生来说，获得尊重就是他们处世的基本需求。在高职院校学生管理工作中，尊重的价值就体现在想学生之所想、急学生之所急，把他们的需求作为管理工作的出发点和落脚点，把培养他们成长成才作为管理工作的重点和核心。尊重的价值还体现在地位和话语权的平等上，管理工作者只有真正把自己和学生放在同样的位置和心态上，通过平等交流，才能融入学生的真实内心，进而获得认同。管理工作者还要学会尊重性格各异的学生，把不一样的性格特点当作人性与生俱来的特质，要依据学生的实际情况，尊重学生的真实感受，帮助有困惑的学生解决思想问题，有效激发学生们积极的人生态度和健康的心理状态。

宽容是尊重的另外一种表现形式，但宽容绝对不是对学生的放纵，而是要建立在牢固的以学生为本的信念之上的。我们要在坚持把握人才培养方向的大前提下，谅解学生群体的多样性特征和多样性发展，允许学生选择不同的道路，甚至允许失败。

五、强调以生为本，发挥学生的主观能动性

（一）以目标领航，强化生本意识

1. 用发展的眼光看待学生

一颗水珠可以反射整个太阳的光芒，一名学生也是代表整个集体的一扇窗口。

管理工作者既要让学生发现自己，发掘自己，发展自己，成为最好的自己，也要让学生理解学校的管理目标，接受学校的管理方式，一步步和整个集体共同进步，共同实现各个阶段性的目标。所以，个体和集体教育的和谐共生就显得尤为重要。其实，这种个体教育和发展的实践方式就是沟通，用合适的、有针对性的、抓重点的形式进行沟通。师生要相互反馈、相互响应，肯定做得好的、指明不足之处，提供可行有效的改正方法。

很多教师提到过，高职院校学生多少有自卑感，而且表现方式各不一样，所以对新生的信心教育非常重要。举例来讲，可以在回校日那天，专门就"目标"问题上一次班会课，借由这节班会课对还在懵懂中的学生实实在在地敲打一下，让他们对自身的处境、今后的目标、努力的信心有一些感触。在之后的教育管理中，始终坚持"天天发现闪光点，无论大小不吝啬每一份表扬"的原则，让这群感到自卑的学生收获更多他人的尊重和信任，建立起更多的信心。

2. "三步走"目标走宽发展路

职业教育的重要任务理应是发现和挖掘学生适合职业岗位需要的长处，弥补学生不符合职业岗位需要的短处。部分高职院校学生除了在学业方面存在较多问题外，在纪律方面的表现也差强人意。换个角度思考，如果高职院校管理者善于在工作过程中不断提高学生在纪律、学业方面的表现，高职院校学生才有可能成为挖掘"潜能"空间最大的对象。为了树立学生的学习自信心，帮助学生找到专业发展的方向，引导学生最大可能地实现这个年龄段独特的生命价值，可以将高职三年分三步走。

入学第一学年，着手爱校与爱专业教育，开展校史介绍、成功校友事例宣传、学校软硬件介绍等活动，并利用自己是专业教师的优势在班中举办各类趣味技能比赛、专业知识竞赛，让学生在浓浓的专业氛围中尝到成功的喜悦，树立学习的自信心，找准发展方向。与此同时，着重做好规范教育，通过"德育银行"积累自己的德育分数让学生规范自己的言行，从而达到规范学生纪律表现的目的。

第二年，一方面整合学校资源，开设专业课，请优秀学长"走进来"，给学生提供与事业发展有成的学长进行深层对话的机会，让学生在榜样的影响下，不断地改善自己在纪律、学习方面的自律表现。

第三年，学生面临升学和就业抉择，学校应积极开拓顶岗实习渠道，创设机会让学生"走出去"，让他们体验实际生产过程，引发职业发展定位思考，为未来职业发展早做谋划，为自己的人生和未来职业的发展奠定坚实的基础，同时也让高职院校学生成为"低进高出"的强可塑性典范。

（二）构建"以人为本"管理理念

管理者要想做好学生管理工作必须具备较高的素质水平，在工作过程中关爱学生、理解学生和培养学生。在日常生活中，若是学生遇到困难，管理者应鼓励和引导学生正视自身不足之处。管理者在学生管理工作中需做到"宽中有严"和"严中有宽"，使学生能够在学校得到全面的培养。高职院校应重视管理者自身发展，稳定管理者队伍，加强管理者队伍的培养，将学院教师队伍与管理者队伍相互融合，建立科学、合理的管理者工作考核体系，并优化管理者队伍。

传统的学生管理理念已根深蒂固，高职院校学生工作管理者必须在管理理念上加以转变，用"以人为本"的管理思想替代传统的灌输式、强制式管理理念。只有理念的转变，才能带来行动上的变化，才能使"以人为本"的管理思想在高职院校学生管理工作中落地生根。

1. 重视人性化的制度

（1）制度的人性化

制度人性化要求重视学生需求，注重学生特性，给予学生空间，激励学生自主性。采用"以人为本"管理理念是为了能够培养学生的综合能力，如学习能力、创新能力、个人荣誉感、群体凝聚力以及归属感等。人性化管理不仅是为了学生的全面发展管理，还是为了学校自身的发展。辅导员应该在充分掌握学生特性、了解学生诉求的基础上管理学生。辅导员在对学生进行激励时可采取精神激励（辅导员对学生的夸奖、颁发荣誉奖状等）与物质激励（奖励生活日常用品、奖学金等）相结合的方式，在生活日常中多与学生交流，并主动关心学生。

（2）制度的合理性

制度的合理性要求制度必须符合个体特性。科学合理的学生管理制度要求其符合人性特点，符合社会发展规律。

第一，学生管理工作制度内容必须适应学校教育、教学和后勤管理，必须满足学院规章制度，尤其是任用、考核评价、奖励和惩罚等相关制度的制定应注意公平性与公正性。

第二，学生管理工作制度必须遵守辅导员和学生的身心发展规律，必须符合学生的年龄特点以及心理特点，符合学院的实际情况，从而有利于辅导员和学生的身心健康。

第三，学生管理工作制度制定程序必须合理，要经过学院领导、教师、辅导员以及学生代表的民主讨论并得到他们认可，而不是由学校领导自作主张决定。

2. 尊重学生的主体地位

（1）转变以往的主体关系，以学生为主体激发其主观能动性

在学生管理工作过程中，建立融洽的师生关系是激发学生主动性与积极性的重要手段，对学生的发展有着巨大作用。学生管理过程中，辅导员应充分掌握所有学生的特性、心理特质，让学生充分感受到被尊重、被关心、被理解，制定的措施和组织的活动要能够激发学生的主观能动性。学生只有与辅导员在自由自在、毫无压力的情况下进行交流，他们才敢大胆地提出问题和回答问题，这有利于激发他们的主动性、积极性和创造性。

（2）为学生创造良好的"心理环境"，让学生在创造性活动中学习

在学生管理工作过程中，构成学生"心理环境"与学生自身的个性特点、观念和信心等心理需求有关。"心理环境"直接与学生的主观能动性相关联，良好的"心理环境"让学生可以更加舒服地展示自我，充分参与到学生活动中。高职院校应在活动中为学生创造自由开放的活动环境，留出足够时间给学生思考问题、供学生表现，让学生在活动中体验到学习的快乐。

3. 重视人文关怀

（1）制度管人

高职院校应该进一步完善学生管理制度。由于外部经济社会环境变化过快，学生的特性也变得更加多样化，每一届学生与上一届学生也会有较大的不同，学生管理规章制度的制定往往是为了弥补学生自身的不足之处以及解决学生管理问题，增强学生自身的综合素质。部分学校对学生管理制度重视力度不足，侧重对于学生的思想教育，虽然学生管理制度与学生思想教育都很重要，但其应用在实际管理过程中往往会受到一定的限制。建立学生管理制度需坚持科学有效的方法，这有利于学生个体综合素质得到大幅度发展。

（2）以情动人

第一，与学生有情感地交流。良好的师生关系比任何管理制度都重要，"以情动人"是对学生精神层次的满足与对学生的理解和尊重。辅导员必须保证自身在短时间内记住学生的名字，对学生有基本的了解，在日常生活中经常询问学生情况，与学生换位思考，设身处地地了解学生在日常生活中遇到的困难，并尽全力帮助学生解决问题。

第二，满足学生参与学生管理的需求。学生对新时代社会有自己独特的见解

和看法，让学生参与学生管理工作是为了加快推进学生管理工作的进程，进而制定出更加完善的学生管理机制，同时也是为了满足学生的精神需求。

第三，以理晓人。以理晓人的管理理念讲究科学性和针对性，管理者要对学生的基本情况要有所了解、能够掌握学生的想法。学生在看待问题时具有反复性属于正常情况，对此，需要辅导员在面对学生管理工作时能够持有高度的责任感，对学生能够有耐心，进而做好学生的教育管理工作。

（三）落实"以学生为本"的管理思想

"以学生为本"不仅仅是一种教育理念，还应该贯彻落实到学生管理工作的各项具体任务当中，形成以学生为主体的学生管理新局面。在当前形势下，我国高职院校的学生管理应当在以下五个方面充分借鉴美国的经验做法来实现"以学生为本"的理念。

1. 在维护学生合法权益上下功夫

把学生作为高职院校学生管理的主体的这种理念核心就是要求学生管理人员把尊重理解学生作为工作主旨，理性看待学生的个性发展，贴近实际开展工作。其具体的表现形式为：维护学生的自身利益，满足学生的心理诉求，宽容学生的张扬性格，理解学生的个人选择，鼓励学生的开拓创新。只有这样，学生管理工作人员才能转变工作思路，主动有为，改进和提高高职院校学生管理工作的水平。

高职院校学生的需求多种多样，这些需求就反映了他们的关注点和利益。在中国特色社会主义制度下的市场经济大环境中，每名社会成员的思想和行为都越来越表现出趋利的特性，青年学生也不例外。他们以自己的视角评判社会现实，关心社会发展和国家命运，并同自己的利益联系起来。针对这一现实的思想反映，管理人员在进行学生管理工作时就要用科学的马克思主义价值观引导学生正确看待、处理各种利益，切实把学生的错误认识转化到考虑国家和集体的利益的现实角度，从而形成内在的强大的精神力量。实际工作中，要坚持做到保障学生的"六个第一"，即"利益第一、发展第一、成长第一、成才第一、安全第一、健康第一"，这直接体现了维护学生合法权益的工作理念。管理人员要经常换位思考，为学生的利益着想，理解他们的看法和想法，从而实现心灵的交会。倘若不注重这一点，工作不贴近实际，那么思想政治教育的效果便会大打折扣。管理人员要学会尊重和维护学生的人格与尊严，满足其被肯定、获得尊重的心理诉求，这一特点是由人的本质特征所决定的。

相互尊重是施教者与受教者都应遵守的基本道德规范，不仅学生要对教师怀有尊重之心，教师对所有的学生也要给予尊重。只有学生把施教者的外在要求转化为自己的内在动力，才可能会产生自觉的行为，进一步形成独立的性格。人的需求包括了社会性需求，而社会性需求中较高的层次便是获得尊重的需求，这是社会人体现自我价值、实现自我认可的重要方面。这种正面的需求在获得满足后，就会给人带来愉悦的心情，相反则会失落。那么，从事学生管理的相关人员如果不能做到相互尊重，就无异于把自己和学生分割开来，再想做工作，难度就可想而知了。

2. 在实现学生自主管理上下功夫

教育部要求要以学生的党组织建设为核心，加强和改进高职院校的思想政治教育工作。这个任务事关我们祖国的未来和明天，事关我们中华民族的伟大复兴，必须高度重视。教育部这一富有战略意义的工作要求具体落实到高职院校中，则是要紧紧依靠全体教师和专业学生工作队伍，把学生的思想政治教育工作放在一切工作的中心地位。但是，仅仅依靠专业队伍的力量是远远不够的，还要把学生的自我管理纳入具体工作中来。近年来，高职院校不断扩大招生名额，学生群体的绝对数量不断上升，但从事学生管理的人员数量远远跟不上学生数量的发展。因此，我们要秉承最好的教育是自我教育这一理念，信任和依靠学生，做好学生的工作。最重要的就是引导学生树立正确的人生观、世界观、价值观，培育他们报效国家、服务人民的责任感和使命感，激发他们的创新潜力，调动他们自我管理的积极性，培养高尚的道德情操。为此，可以从以下几方面入手。

（1）学生要增强自主管理意识，提升自我满意度

相关的调查问卷和访谈凸显出了学生个体间自主管理能力差异较大、参与学生管理的意识不强、满意度低等问题。学生作为自主管理的主要参与者，他们的自主管理意识直接关系到自主管理的实施。因此，强化其自主管理意识包含两个方面：个体的自主管理意识和群体的自主管理意识。某种程度上二者是相互辅助、不可分割的。

第一，个体的自主管理意识。从个体自主管理角度来看，一个学生的自主管理能力是一个人的自主意识、独立人格和适应社会的能力的体现，越早培养对学生未来成长之路的帮助越大。

①引导学生学会设定目标和制定实施的具体计划。设定目标的时候，尽量聚焦单一目标，设定清晰的目标值和实施的期限。完成目标设定后，就需要制定具

体的实施计划，这个计划需要保持简单化原则，让学生在做的时候不会受过多因素的干扰，可以全身心地投入。创建一个可行的计划，这个计划是可以量化的，这样学生就能自己进行检查。这个计划需要长期坚持，最后可以转化为自身习惯。例如，让学生制定每周读完一本书的目标，读完书就是目的，那么每天读二十页就是简单的计划，但是需要学生天天读，风雨无阻地坚持读书，把读书这种行为变成习惯，让学生感觉一天不读书就不是完整的一天。教师要引导学生了解和分析自己设定的目标，可以通过写日记、写总结等方式及时总结自己的行为得失，及时调整自己的方向。

②要帮助学生提高时间管理的效率。时间管理对个人的发展极其重要，进行有效的时间管理，并非开始于管理者的任务与计划，而是开始于他的时间，要注重减少非生产性需求所投入的时间。判断管理者的时间管理是否有效，唯一的标准便是其对于时间的珍惜程度，除此之外别无他法。对于学生来说，一是要学生学会安排自己的时间，二是要学生分清轻重缓急，集中时间做主要的事情。

③家长需要学会利用承诺的力量和奖励机制。想要孩子对自己承诺的事情负责，家长就需要起到带头作用，与孩子一起把承诺机制用好。

第二，群体的自主管理意识。这里以班级群体为例进行具体说明。首先，在制定班级管理规则时，应当注意体现出民主性和参与性，在任命班级干部的程序上，也要注重平等公开公正的原则，使学生在参与班级管理时具有可操作性和便捷性。同时要弱化班干部的个人荣誉感，强化其学生代表意识和服务意识。要使学生成为学习的共同体，形成团结协作的良好班级氛围。其次，要加强宣传和引导。要借助于一些令人感兴趣的方式，通过学生喜闻乐见的形式，充分利用开班会的机会，积极宣传学生的优秀事迹，打造良好的班级氛围。要使得学生的管理积极性有所提高，相关的配套激励手段也必不可少。教师不仅可以借助于语言上的表扬，还可以通过颁发奖状的方式进行奖励，此外也可以通过师生共议的方式建立一整套激励机制。通过调查可以发现，有的班级建立了"管理能力银行"机制。具体而言就是在进行班级管理的过程中，对学生的行为表现进行打分，5分即为一颗星，达到5颗星便可以抵消一次日常违规时所受的"惩罚"。以日常优异表现来抵消犯错的惩罚，将会极大地调动学生的主动性，化被动为主动，用"功过相抵"的方式变相提高学生自主管理的意识。

（2）齐抓共管，真正形成支持自主管理的环境

苏联著名教育家苏霍姆林斯基曾说过："真正的教育是自我教育。"英国哲学家、教育家赫伯特·斯宾塞也曾道："教育者始终不能忘记自己的教育初心，

即培养具备自我管理能力的人,而非必须依赖于他律的人。"这两句话都强调了培养学生自主性的重要性。但受大教育环境的影响,大多数高职院校并没有真正形成支持自主管理的环境。任课教师、家长和学校都是影响自主管理氛围形成的重要因素。

首先是争取任课教师的支持和配合。辅导员虽然跟学生们相处的时间比较多,但是不可能时时刻刻关注到学生的发展和动态,这时任课教师的管理理念就显得尤为重要,这体现了教育管理的一致性。因此,辅导员与任课教师要做好相关的配合工作,通过班级教导会、优秀管理案例分享会,将学生自主锻炼与任课教师的管理相协调,进而直接提高对学生的影响效能。

其次是与家长达成统一战线。苏联教育学家苏霍姆林斯基说:"学校在社会上承担的责任是极其重要的,以至于需要获得整个社会的支持。但是要实现这一目的倘若没有家庭对孩子先进行良好的教育培养,老师在学校中要实现完美的效果则是不可能的。"父母与孩子之间的相处方式、沟通质量、教育方向会影响孩子自我管理能力的形成。父母想要孩子在成长中获得自主性、独立性则需要在与孩子的相处中对孩子进行潜移默化的影响。家长要在生活中提供更多的场合锻炼孩子,在家庭中也要尽可能多地给孩子提供锻炼机会。

最后是积极争取学校领导的支持。没有学校领导的支持,再好的理念和做法也很难传播开来。辅导员可以邀请领导们深入各个班级,观摩各班在开展学生管理工作中的优秀做法和案例。辅导员可以建议学校将一些教育专家、心理导师邀请入校进行专题性的讲座以及方法、技能的讲授;同时建议学校设立专项奖励资金,支持鼓励参与自主管理的老师和班级,甚至可以给予一部分政策的倾斜,例如,在评选优秀班集体和教师职称问题上,给予班级和教师政策上的鼓励。

此外,学校还可以组建一个多方联动管理的平台,通过运用联网技术,定期向家长汇报高职院校学生在学校的各种表现。学校可以让学生负责策划和组织活动,提高他们的组织能力、沟通交流能力及自主管理能力;还可以在学生进行自主管理一段时间后,汇报学生在哪些方面的能力有了提升,哪些方面有了改进;也可以通过和家长沟通,确定一些学校活动的主题,共同推动高职院校学生自主管理能力的提高。

学校之间也可以加强沟通、交流与合作,尤其在教育管理方面。通过及时有效地沟通,深化教育理念改革,学习其他学校更好的教育方式和管理方式,以促进本校学生的自主成长和学生自主能力培养。

学校可以通过加强与社区及企业的合作,为高职院校学生提供社会实践机会,如组织高职院校学生到周边社区进行义务服务、维护交通秩序等活动，积极推动高职院校学生的全面发展，强化高职院校学生的计划性和自主性，进而有效提高他们的自主管理能力。

（3）落实自主管理的合理评价

2020年9月28日，中共中央、国务院印发了《深化新时代教育评价改革总体方案》，方案中明确提出：教育评价事关教育发展方向，有什么样的评价指挥棒，就有什么样的办学导向。评价不仅要关注学生的学业成绩，而且要发现和发展学生多方面的潜能，了解学生发展中的需求，帮助学生认识自我，建立自信。发挥评价的教育功能，促进学生在原有水平上的发展。现阶段，可以从教师、学生和评价过程三个方面完善自主评价方式。

第一，改革教师评价，推进践行教书育人使命。《深化新时代教育评价改革总体方案》中明确提出：改革教师评价，推进践行教书育人使命。教育评价中对教师的评价方式直接影响到教师对教育教学和管理方法的选择。在教育管理实践中，要坚持把师德师风作为第一标准，坚决克服重科研轻教学、重教书轻育人等现象；同时要突出教育教学实绩，把认真履行教育教学职责作为评价教师的基本要求，引导教师上好每一节课、关爱每一个学生；强化一线学生工作，落实高职教师家访制度，将家校联系情况纳入教师考核。辅导员与众多的任课教师相比又具有其独特的作用和价值，他们是自主管理的重要倡导者和领导者，因此，在对教师的评价体系中，应给予辅导员一定的倾斜。

对辅导员工作的评价，应当建立既能反映出辅导员细心工作过程的指标，同时还能突出效果的评价要素。在评价过程将辅导员自身的素质、工作质量和辅导员所管理的学生的质量反映出来。首先，评价目标要明确。辅导员工作评价的指标体系，既要包括辅导员的教学成绩，也要包括辅导员的育人绩效、科研成果和其他方面的工作情况。其次，评价方式要具有多样性，这里面涉及学校管理者评价、辅导员自我评价、同行评价、学生评价等。我们要用动态的、发展的眼光看待辅导员的劳动，既要关注辅导员原有的教育管理水平，也要关注辅导员教育管理水平的提高过程。

第二，改革学生评价，促进德智体美劳全面发展。《深化新时代教育评价改革总体方案》中明确提出：改革学生评价，促进德智体美劳全面发展。树立科学成才观念，坚持以德为先、能力为重、全面发展，坚持面向人人、因材施教、知行合一的原则；同时完善德育、体育、美育、劳动教育评价。学生评价包括恰如其分的自我评价和积极有效的他人评价。

①恰如其分的自我评价。通常情况下，自我评价代表着一种以自身的视角为出发点，看待自身的一种思维方式，带有较强的主观意识，具体表现为评价自己的思想、行为、动机等方面。自我评价代表一个人对于自我的认识程度，对自身观念的处理意识。实事求是地看待自身的问题是一个人对于自己的接纳过程。若一个人能够正确地认识自身，那在与他人的交往中就能够较好地理解个体与集体的关系，进而扬长避短。

学生在进行自我评价时会有效地完善自身缺点，成为个性发展的重要途径。参与学生管理是提升自我认知的重要途径。此外，教师可以鼓励学生在反思中总结经验，得到自我提升。每学期开始之初，教师带领学生学习评价表制定的规则，组织学生一起进行计划制定，监督大家共同执行，在这一过程中教师要引导学生正确看待评价。

②积极有效的他人评价。他人评价包括辅导员评价和学生互相评价两个方面。辅导员要尽量调动起学生参与自主管理的积极性，以激励制度刺激学生主动参与管理，以健康成长的理念激发学生执行的愿望、动机。首先，评价学生的方面要更加全面、综合。《深化新时代教育评价改革总体方案》中明确提出：树立科学成才观念，坚持以德为先、能力为重、全面发展，坚持面向人人、因材施教、知行合一的原则。教师对于学生的评价不能仅仅看学习成绩的好坏，还应当看学生是否有其他的特长，只有这样才能帮助学生更好地认识自己、改进不足之处。其次，评价的内容要全面。《深化新时代教育评价改革总体方案》中也明确提出：完善德育、体育、美育、劳动教育评价。评价的内容主要包括思想品德、学业水平、身心健康、艺术素养、社会实践五个方面，主要考查学生积极参加学校组织的各项活动的能力，包括但不限于志愿服务活动、技能实践课程、艺术体育活动等，从中查看学生全面发展的状况。

此外，还可以以学生互评的形式多元地了解自己。这一形式可以以同桌互评、小组互评、宿舍互评、男女生互评等形式出现。学生互评这种形式可以看到他人眼中的自己，从另一角度直接看到自己的问题。这样相较于教师评价会更加容易接受。同时学生在评价他人时，看待问题的角度更加多元、深刻，可以培养学生的分析能力、认识能力、思辨能力。例如，可以先让学习小组进行内部评价，然后通过主题班会的形式使同学们进一步认识自己和他人。在实施互评之前，本着实事求是、公平客观的原则，先指导学生共同制定好评价的量表，这有利于提高互评的效率和质量。量化打分结束之后，通过主题班会中的"**同学的哪一点，最值得我学习"活动，引导学生说出对方的优点，发现同学身上的闪光点，择其善者而从之。这种学生互评的方式有利于形成积极向上的班风,提高学生管理质量。

每一个学生在成长的过程中,或多或少会遇到一些小困惑。这些困惑若得不到起码的重视,会使学生变得不自信、太过注重教师的认可、过分在意其他人的眼光。由于辅导员和任课教师在工作中难以做到面面俱到,因此,建立相关的评价机制可以从细微处了解学生。

第三,完善过程评价,扭转不科学的教育评价导向。对于评价结果要改进,对于评价过程要强化,对于评价的增值价值要探索,全面建立健全综合评价体系。这是落实全国教育大会破"五唯",扭转教育不科学评价导向的一项重大的、实质性的举措。强化过程评价,扭转不科学教育评价导向需从以下方面着手。

一是过程评价需要树立正确的教育评价观。教育评价要更重视学生的学习过程和体验。除了关注预设的教育目标,还要关注非预设的目标;除了关注学生成长过程中显性行为的变化,更要关注其隐性素质的变化情况。

二是过程评价需要拓宽和深化评价内容。由于过程评价将评价的关注点从结果转向了整个教学过程,包括教师的教学过程、学生的学习过程以及师生互动过程,由目标的达成度转向了目标之外的实际教育效果,因此,需要拓宽评价的内容。师生教学过程中的投入度、参与度、师生关系,学生学习过程中的自主性、创造性、合作能力、问题解决能力以及学生的态度、兴趣、动机等非认知因素都应纳入评价的内容。

三是过程评价建立相适应的评价方法和体系。在评价方式上,过程评价应采用量化与质性相结合的评价方法,但要以质性评价为主,包括档案袋评价、表现性评价等在内的有利于展示学生学习与成长过程的质性评价应成为过程评价的主要方式。在评价主体上,由于评价发生在教学过程中,而不再游离于教学与学习之外,这就要求师生共同参与,尤其是学生的深度参与。

四是过程评价需要做好评价结果的反馈与利用。与结果评价不同,过程评价最主要的功能不是比较与鉴别,而在于发展与改进。过程评价是对学习过程进行评价,并在学习过程中实施评价,目的是发现问题、改进学习过程,这是一个动态的、持续性的评价过程。

五是过程评价需要建立在数字世界之中。利用物联网技术对学生学习过程中接收到的信息进行采集、管理和存储;利用大数据技术挖掘数字世界中存储的与学生学习过程、结果相关的各种数据,建立相应的教育大数据预测、分类和智能评价模型;利用智能决策和可视化技术进行科学分析和决策,进而减轻教师、学校和家庭的评价负担，提高过程性评价的科学性和准确性，确保评价的常态化和规模化。

我国现行的综合素质评价是一种典型的过程评价，综合素质评价的实施有利于过程评价的开展，因此，要继续推进综合素质评价落地，要建立"评价－反馈－改进"的运行机制，做好结果的反馈与利用，挖掘过程性数据中的教育价值，发挥评价对学生学习过程、教师教学过程的改进作用。

（4）设计主题活动，提高学生自我管理意识

班级教学作为学校教学的主要形式，是把年龄相仿和身心经验相似的学生组织起来的一种教学方式。著名儿童心理学家让·皮亚杰指出："认识起因于主客体之间的相互作用，这种作用发生在主体与客体之间，因而同时既包含着主体，又包含着客体。"

主题活动便可以成为链接主体和客体的中介。但现实状况是为数不多的主题活动也常常是简单和枯燥的思想政治教育，无法激起学生们的兴趣，忽视了学生在班级组织中的主体地位。一些学生天性爱玩好动，喜欢集体活动，可塑性很高，因此，开展娱乐性较强的主题活动可以让学生在快乐中学会自我管理，在活动中发展和完善自我。

辅导员和教师应积极指导学生，努力组织构建形成一个以班干部为核心的团体。随着班干部领导能力和自控能力的发展，班干部能自主地带领全班同学开展多种多样的主题活动，如举办跳蚤市场、艺术节、趣味运动会、演讲竞赛等。班干部依据教师给定的活动题目，发挥全体学生的智慧，选择学生喜欢的形式，在全部师生的努力下进行丰富多彩的思想品德教育活动、科技活动、文艺活动、综合活动等。学生在这些主题活动过程中会逐渐了解自己，理解班级文化并自觉遵守纪律，同时也可培养出学生的自主学习兴趣，给学生的终身兴趣发展提供了一个起点。

在主题活动中，学生不仅能够展现自己的特长，还可以在活动过程中观察和学习其他同学的行为并强化新的行为反应，通过对榜样行为的亲自实践重复，可以不断发展和充实自己。如开展跳蚤市场，根据学生的个人特点安排相应的活动角色，例如，计算速度快的学生可以做收费员，乐观外向的学生可以当售货员。活动策划要以学生兴趣为出发点，关注学生在活动中的表现和状态，积极培养学生的自我管理能力。学生在丰富多彩的活动中逐渐提高对自我管理的认知能力，感受积极向上的气氛，观察到其他同学的优秀品质并进行模仿产生替代性强化效果，随着时间的推移培养出自我管理的意志，从而达到自我控制和自我教育的目的。

定期开展培养学生自我管理能力的主题活动，鼓励学生把主题活动与实际生活相联系，把已有知识迁移到新知识、新技能中，有效促进学生主动思考。教师在主题活动中要指导学生进行自我管理，通过指导后，即使教师身处课堂之外，学生也可以有良好的表现。校园主题活动可以润物细无声地熏陶学生的思想，逐渐培养学生的自我管理意识。

（5）制定相关规则，规范学生自我管理行为

在当下的学校教育中，学生管理不可以简单依靠教师强硬的管理方式，而是要发挥校规校纪积极的引导作用，这是学生自我管理的基础。学校应确定学生管理机制，把学生的日常行为规范落到实处，学生只有积极参与响应，自我管理能力才能不断提高。学生在自我管理与被管理中不断调整与改善自己的学习行为和生活行为，同时提高为同学和教师服务的意识，养成自律意识。正如陶行知在《学生自治问题之研究》说："大家一举一动都接洽，有话好商量，有贡献彼此参与。在共和的学校当中，无论何人都不应该取那武断的、强迫的、命令的、独行的态度。我们叫人做事的时候，不但要和他说'你做这件事，你应该这样做'，并且要使得他明白为何做这件事，为何要这样做。"学校的管理需要制度的力量，更需要来自学生内心的自我要求和对真善美的追求，也只有充分调动学生自我管理的积极性，才能促进自我管理与共同管理相结合，逐步引导学生从他律走向自律。

学校需要调动学生的积极性，使其参与到学校管理中，发挥学生的主人翁精神，使学生学会自我管理，成为学习生活的主人。学生在了解学校的规章制度的过程中，把学校的规章制度内化于心、外化于行，有利于学校维持管理秩序，更有利于学生提升自我管理能力。值周班级负责对校园内各班级的纪律、卫生、考勤、仪容仪表进行检查，对于学生出现不当的行为进行反馈并督促改正。通过实施值周班级措施，学生管理学生，学生把学校的规章制度内化为自己心中的准则，主动积极地遵守学校的规章制度。这样既提升了学生的学习积极性，又提高了学生的纪律意识，有利于形成良好的班风和校风。

实行自主管理，更要注重教师尤其是辅导员对班级的管理方式，把握好学生自主管理和教师引导管理之间的尺度。每一个学期开始，辅导员都应当先和班级里的学生做一个"顶层设计"，可以参考高职院校学生守则、社会主义核心价值观、学校规章制度等拟定出班级的目标与框架，然后让班干部先行讨论，再在班级中让所有学生去进行评议，对制定的规则制度进行合理性和可行性的分析讨论，根据实际情况加以补充或修正。所有规则应力争做到精细化、易考核，尽量具体直观，便于高职院校学生执行，符合班级学情，做到公平公正。所有教师应知悉

班级规则，从自身做起，做学生们的楷模。教师要发挥出指导作用，在具体的实践中，要发挥模范带头作用，在重大问题上起决定和主导作用。在执行班级规则方面，教师应坚持原则，支持班干部对班级的管理，对于违反原则、屡教不改的学生要进行批评谈话教育，以班规校纪为标准来指导、教育、帮助学生。对于各项规则，应大力宣传，使学生人人尽知、人人力行，促使学生自我管理的相关规则得到有效执行。

3. 在培养学生自信自强上下功夫

我国的经济社会发展不均衡，体现在高职院校中就是有相当比例的学生家境贫寒。众所周知，党和国家对这些学生特别关注，出台多项措施和政策保障他们能够正常完成学业，如绿色通道、勤工助学、困难补助、国家奖学金、教职工捐款、国家助学贷款等。在所有的措施中，适当加大勤工俭学的力度，增加不同层次的助学岗位最为妥当。在一些高职院校中，就有很多由学校出面或是学生组织自己设立的学生服务机构，在行政部门，也设置了大量的助理岗位，基本上所有的学生都可以参与到其中，体验独立生活带来的自信，这种做法是值得借鉴的。

4. 在塑造学生成熟人格上下功夫

对于多数学生来说，在高职院校求学的三年时间，是他们价值观形成的最好的时间。他们在升学考试之前一心苦读、埋头学习，与书本打交道，最后考入高职院校，但相比于丰富的知识他们更缺乏人生的经历和阅历，也需要在开放平等的环境中重新塑造自己的品格。为此，学校应当主动把应试教育模式调整到素质教育中去，把价值理念、人格品质、心理素质和处世能力作为培养的重要方面，引导学生充分拓展自己的兴趣爱好。学校还应该剔除容易阻碍特性发展和完善人格的条条框框，尽可能在一个宽松的氛围中帮助学生实现个人品质的完善和培养。

5. 在帮助学生树立安全意识上下功夫

一切工作的前提都是要确保安全，在高职院校学生管理工作中，这也是学生管理工作的基础。我国的思想政治工作一直比较注重向学生灌输理想信念教育，但却对最重要最基本的个人安全意识有所忽略，这就造成了学生的相关意识比较淡薄。所以，高职院校学生管理工作的最底线就是要通过培养学生的安全意识和建设完备科学的安全体系来保障学生的生命健康安全。

第四章　高职院校学生管理模式的创新发展

在高等教育普及化背景下，高职院校学生教育管理模式面临着新的挑战。高职院校应根据高职院校学生的特点与高职院校学生管理现状，探索符合高职院校学生管理的工作规律和实用策略，探索和创新高职院校学生教育管理模式，更好地解决高职院校学生管理中的实际问题。本章分为高职院校学生管理模式创新发展的重要性、高职院校学生管理模式创新发展的原则、高职院校学生管理模式创新发展的途径三部分。

第一节　高职院校学生管理模式创新发展的重要性

第一，管理模式创新为高职院校学生管理工作创新提供坚实的理论基础。随着高职院校连续扩招，学生数量大幅度提高，学生层次趋于复杂化，学生特点趋于多样化，这些都增加了学生管理工作的难度。针对新的情况、新的问题，高职院校出台了新的管理对策和手段。学校的学生管理水平标志着一个学校的教育、教学水平，是学生综合素质的一个重要保障和标准。那么，如何改良传统的、不合时宜的、陈旧的管理模式是一个值得研究的重大课题，要想摆脱传统管理模式的束缚，就应当突破创新，找出新的理论、新的方法、新的手段去改变高职院校学生管理工作。使高职院校学生管理工作能有科学的、法治的、先进的管理运行机制。那么，创新后的管理模式的一些全新管理手段必然可以为学生管理工作提供帮助。有选择地吸收和借鉴传统管理模式的可行性管理手段的同时运用全新的管理模式必然可以事半功倍，先进的思想和理念可以改善我国传统的管理模式所带来的消极影响。

第二，管理模式创新为高职院校学生管理工作创新提供科学的实践经验。当今世界面临着经济全球化、教育国际化的巨大挑战，在此背景下，我国高职院校学生管理可以借鉴"一二四八"这一全新的管理模式理论及先进的管理方法和理念。随着经济全球化的迅猛发展，网络被广泛地应用于各个行业当中，这也增强了高职院校政策、服务的透明度。国外高职院校管理职能部门不再是独裁者、垄断者，其角色发生了重大转变，越来越趋向于服务者的角色。学生对高职院校职能部门的期望值增高，并参与到高职院校学生管理工作中来。我国的教育管理也发生着同样的变化。伴随着信息时代的迅猛发展，更多的家长和学生都渗透到学生管理中来，对于教学质量、管理机制、服务素质有了更高的要求。我们必须学习各国高职院校在面临学生出现的各种问题时所做的协调工作和制定的政策，这对于我国高职院校学生管理来说，具有可借鉴性。

我国的高职教育要想与国家的快速发展相适应，必须摆脱传统的教育模式和陈旧的管理方法，通过引用先进的管理模式和方法来应对当今高职院校学生管理的需求。当然，我国高职教育管理机制与外国高职院校的管理体制还存在着一定差异，但是其先进的管理方法值得我们学习并运用到实际工作当中。所以，在借鉴外国高职院校管理的先进理论时，不可盲从，要取其精华、去其糟粕，找出适合我国高职教育实际情况的管理手段加以调整，并将其运用在我国高职院校学生管理工作中。当然，在运用全新的管理模式时应适时、视情况地更新内容及流程，以便我国高职院校学生管理工作适应全新的学生特点和不断变化的工作环境，有针对性地开展工作，及时对全新的管理模式进行合理改造，不断调整，力求最佳方案，全面将其引入我国的高职院校学生管理工作中。

第二节　高职院校学生管理模式创新发展的原则

一、主体性原则

在高职院校学生管理的传统模式下，学生管理者通常将自己摆在比较高的地位之上，他们认为大多数学生的辨别能力和认知能力较差，只能被动地接受教育和管理，学生没有主动权和发言权。因此，在学生管理中管理者常常忽视被管理者（学生）的积极性，使学生处于被动的、被控制的处境中，学生合理的需要有时得不到满足。新时期高职教育的一个显著特点是以人为本，要求充分调动人的积极性和主动性，最大限度地挖掘人的潜能，培养人的创新实践能力。只有这样才能培养出适应现阶段社会需求的高素质创新人才。

高职院校将学生作为管理的主体，在教育管理中充分体现学生的主动性，是学生管理模式中的一个核心原则。现代教育学研究表明,"00后"学生由于受成长环境等因素的影响,表现出比以往任何时期都更加强烈的自我意识和自主意识,他们渴望参与到学生管理中并且成为学生管理模式中的主体。高职院校的学生管理者作为外部教育条件必须经过学生主动的接受认同、消化吸收才能真正发挥其应有的作用,学生则会根据自身的性格特质、成长特点和发展需求对高职院校学生管理理念和管理模式进行自主选择。因此,高职院校应积极探索学生自我教育、自我管理、自我服务的激励机制,采取适当的方法引导和鼓励学生主动地参与到学生管理活动中来,把过去被动的、外在的管理客体转化成现在主动的、内在的管理主体,从包办代替到自主选择,充分调动学生的主动性和创造性。

管理的实质在于充分调动人的积极性,同理,高职院校学生管理新型模式的构建的成功与否,就是要看该管理模式是否能充分调动管理客体(学生)参与学生管理的积极性,是否能有效发挥学生自我教育、自我管理、自我服务的作用。学生管理者和学生之间的关系不是相互对立的,而是相互兼容、协调统一的整体。发挥学生的积极性不是纵容学生,不能不顾主观和客观条件让学生完全自由发展。学生管理者在管理模式实施的过程中鼓励学生发挥积极性和主观能动性的同时,还要积极引导学生在进行职业生涯规划和人生发展选择时将国家的发展、社会的需要与学生个人的成长紧密结合起来。只有这样作为管理客体才会觉得管理主体是为学生的发展着想,教育管理目标与学生人生目标才能有较高的契合度,使学生自觉地消除管理过程中的顾虑与消极对抗情绪,自愿地接受学生管理者的教育管理和服务,积极主动地参与到学生管理工作中。

二、引导性原则

所谓引导性原则,就是指在日常工作中,用"引导"代替权威和命令,在引导中让学生主动地去行为,发挥他们的主体作用。创新学生管理工作模式要遵循引导性原则,因为学生的自我教育、自我管理和自我服务并不是任由学生随意进行的,需要学生管理者的正确科学引导。高职院校学生的世界观、人生观和价值观尚未成型,求知欲望强烈,在这种情况之下学生的选择通常带有盲目性,常常会被一时的好恶所左右,选择的科学性有待商榷。学生管理者要给予学生充足的背景信息、科学合理的引导,使学生的自主性得到科学有效发挥,符合其实现自身科学发展的需要。这同时是学生能够做到自我教育和自我管理的前提。

根据相关的学生管理实践研究,学生管理者可从以下两个方面对学生进行引导。一方面要注重对学生个人生涯的引导，即借助高职院校学生职业生涯规划等内容，引导学生认识自己、合理规划人生。另一方面要引导学生学会学习、学会生活、学会面对、学会选择，传授给学生科学的学习方法，引导学生养成良好的生活习惯，教会学生面对荣誉和挫折等，激发学生主动学习的意识，培养学生自主学习的能力。俗话说"授人以鱼，不如授人以渔"。在当今的高职院校学生群体中间，很多学生因为缺乏主动学习的意识和自主学习的能力，学习适应能力较差，要么无所适从，要么随大流，荒废了大好青春时光。因此，学生管理者要在教育管理过程中，帮助学生正确分析环境的主客观条件，引导学生在自我认知的基础之上，将国家社会发展需要与学生个人发展需求相结合，最终形成科学的自我决策。

三、差异性原则

常言道"龙生九子，九子不同"，即使是双胞胎也会表现出不同的性格特征，这就是人具有差异性的表现。瑞典著名的教育家裴斯泰洛奇指出人好比就是一粒种子，这粒种子有可能是高耸入云的大树种子，有可能是野火烧不尽的小草种子，还有可能是四季常青的灌木种子。园丁的主要任务是通过浇水、施肥等工作，帮助它们朝着其各自的方向发展。高职院校在创新学生管理模式的过程中必须尊重学生的差异，树立科学的学生差异观，帮助学生实现全面科学可持续的发展。

树立科学的学生差异观，必须把高职院校学生当作具有独立辨别能力、思考能力、人格意识的成年人来看待，承认学生之间因成长环境、性格特质而造成的差异性。每个学生都是不同的，都有自己与众不同的思维方式、情感诉求、行为举止和表达方式；在教育层面上，具有独特的智慧倾向，在遇到实际问题时，都有自己独特的思考问题的角度与解决问题的方法。

古希腊伟大的哲学家柏拉图的人生最高理想就是让世界上不同天赋禀性的人都能找到适合自身的工作。他在其经典著作《理想国》一书中指出，世界上根本没有完全一样的两个人，每个人都会因个人的自然特点而区别于另一个人，因此，同样的一份工作，一个人适合去做，另一个人则未必适合，但会有另外一种工作适合他去做。我国古代的儒家思想的代表性人物孔子提出的"性相近，习相远"的思想可谓如出一辙。在高职院校学生管理模式中，学生管理者帮助学生树立的成长发展目标要以学生的性格特点和天赋禀性的不同为主要依据，对性格不同、能力不同、悟性不同的学生要采用截然不同的教育管理手段和方法，这样才能取得事半功倍的效果。因此，学生管理者要学会尊重学生的差异性和独特性，不用相同的标准衡量所有的学生。学生管理者要充分细致地了解每名学生的长处和不足，让他们都有获得成功的机会和条件，体验到个人成长发展后带来的成就感和目标达成后的喜悦。

确立差异观就是要尊重学生的个体差异，在高度关注学生各种个性化的本意、特长、潜能和发展目标，以及认真分析学生差异的基础上，用不同方式使学生个性发展需求得到满足。当然学生管理者尊重学生的个体差异，并不是说为了尊重差异而尊重差异，只发展学生已有的表现较为突出的才华和能力。如果这样做，学生极有可能在学生管理者的片面指导下，使长处越来越突出，但不足之处还是不足。因此，尊重学生的差异性还需要把科学发展观作为指导，既能尊重学生的差异又能科学引导学生实现全面发展。学生管理者在保证全体学生都能实现学校制定的人才培养目标的同时，既要根据学生的能力和性格发展其优势特长，又要弥补其劣势缺点，使学生实现全方面的均衡发展。

四、专业化原则

高职院校学生管理中的很多内容与社会工作的内容相类似。社会工作发展阶段中初级的非专业化的社会工作正向高级的专业化的社会工作演变。专业化的社会工作通常是从人员的专业化开始的，所以，构建学生管理模式要以专业化为原则，学生管理者的专业化能够有效推动学生管理工作的科学性和专业性进程。当前我国高职院校学生管理模式中，学生管理的部门和机构职能较为庞杂，学生管理者往往由来自不同专业背景的人员组成，专家型的学生管理者为数不多。多数学生管理者对工作处于感性状态，凭借经验和热情开展工作。但不可否认的是，我国高职院校的学生管理者是宝贵的资源，如果他们在具有科学的工作理念、良好的服务意识、熟练的工作技巧和丰富的管理经验的同时，为学生提供更加专业、优质的服务，将实现从事务型的低层次管理向专家型的高层次管理的全面转变。要实现这一目标，就要整体提升学生管理者的知识水平和业务能力，使其不仅是学生管理的行家里手，还是心理咨询师、职业规划师等具有扎实的专业社会工作知识的"复合型"专家人才，为实现学生管理模式的专业化奠定坚实的基础。

第三节 高职院校学生管理模式创新发展的途径

一、以能力培养作为学生管理的落脚点

在市场化条件下，传统的高职院校学生管理是以学生顺利毕业就业为基本导

向的，并以此设立了许多毕业的条件和限制，以通过施加外在压力的方法促使学生提高内部动力，努力学习获取更多的知识和技能，从而实现个人的发展。另外，由于授课教师流动性较强，学生较难捕捉到与教师进行深入交流的机会。在这种情况下，重管理、轻培养的模式强化了学生的应试工具性，并未实现个人的启蒙与成长。这其中产生了以下几方面的弊端。

①学生因被动学习，降低了自我在学习上萌发的热情，进而难以形成持续学习的动力。②教师与学生缺乏持续的沟通，很难就一些学科上的深层次问题产生进一步的沟通和交流，减缓了学生的成长速度。③分科教学模式限制了学生的视野，在缺少问题激发以及实践启发的前提下，学生很难有全面的发展和进步。④制度化的管理本身没有错误，但若缺少了对学生个体差异的尊重和理解，制度执行缺少人性化的理解，就难以促使学生形成自觉维护制度正常运行的动力，从而导致"一管就死，一放就散"的局面。

高职院校学生管理普遍以学生行为约束为手段、以确保集体稳定为目标，将确保学生的人身安全作为工作底线，但缺乏对学生成长更高层次的助力。因此，压制了学生从错误中学习和成长的空间。

基于对过往学生管理经验的反思，可以将学生培养的具体目标主要集中在以下三个方面。

（一）职业化素质的培养

职业化是适应后工业化时代的社会发展所提出的对职场人士的前沿要求。所谓职业化就是指工作状态的标准化、制度化和规范化，即要求人们把社会或组织交代下来的岗位职责，专业地完成到最佳，准确扮演好自己的工作角色。

以国际通行的概念分析，职业化的内涵至少包括四个方面：一是以"人事相宜"为追求，优化人们的职业资质；二是以"胜任愉快"为目标，保持人们的职业体能；三是以"创造绩效"为主导，开发人们的职业意识；四是以"适应市场"为基点，培养人们的职业道德。

职业化作为学生适应社会各种情境的必备技能已经被提上日程，这一点在当前日益激烈的市场竞争中体现得一览无余。在市场竞争中显示的一些结果表明，高职院校毕业生在求职上缺少目的性，缺乏持久性，冲动跳槽的情况屡见不鲜。这些无疑都表明学生在社会化过程中缺乏明确的职业定位和习惯素养，给个人和企业都带来了巨大的损耗。

职业化行为习惯的培养需要遵循从意识到习惯的长期转化过程，而这种习惯培养远非单纯地进行理论知识学习所能达到的。职业化行为的根本意义在于行为素质的标准化和流程化。

因此，职业化素养的培养必然是蕴于学生日常行为规范之中的，而非通过课程理论学习和实操能获得的，这正是与每个学生个体息息相关的学生管理工作才能做到的。

（二）专业技能与通用能力的塑造

随着社会分工的日益精细化，而与日俱增的求职难度和激烈竞争客观上需要教育提供在某一领域具有专长的人才，这与过往经济发展中对人力资源的素质需求相比有了一个根本的转变。因此，具有较好的专业领域能力和综合技能储备已成为促进职业发展的必要基础。

我国在学生管理上应当要求学生管理人员不能只是一个事务执行人，必须有着更为宽广的知识结构，熟悉学生的心理状况及具备相关的专业素养，这样才能在学生的成长和发展过程中担任引路人和指导者的角色。为了提高学生的专业化技能水平，我们应当看到可以在两个方面发力：一方面，学生管理者应当指导学生在其专业学习上形成良好的学习习惯，并在授课之外，通过校内活动和校外实践的方式提升其对具体理论与技能的实操性；另一方面，学生管理者应当将学生的一般性专业技能学习与日常具体的事务性工作相结合，引导高职院校学生进行自我管理。这也是面对社会发展趋势中学习与学生依赖感与日俱增的现象所提出的，通过事务性实践的训练来提升学生的自主性，而非以往只重视理论的学习而轻视实践的作用。

（三）终身学习意识的建立

由于世界各领域发展变化周期的不断缩短，理论与技术也日新月异。在这样一个时代如果在学习上有满足的心态，必然会在竞争中落败下来，这就要求在学生培养中重视塑造学生持续学习的态度与能力。在我国，学生管理者（如班主任、辅导员）是与学生朝夕相处的人，他们的行为习惯和观念意识会潜移默化地对学生造成影响。终身学习习惯的建立必然有一个前提条件，即通过引导学生可以充分认识到马克思主义哲学矛盾论的精髓，即世界是对立统一的，因此，问题便会不断产生，我们的生活必然面临着层出不穷的问题和困难。而终身学习就是在这样一种意识的指引下，对问题不断求索和认知的过程，也是一个自我发掘的过程。尤其在这样一个变革速度加快的时代，终身学习变得更加重要，因此，值得高职院校学生工作者去探索和挖掘。

二、创新管理内容，提高内容契合度

（一）创新文体活动，加强学生素质和心理健康教育

借助互联网优势，创新校园内外的文体活动，加强学生素质教育和心理健康教育。高职教育在以往的职业教育中始终关注学生的技能培养，而忽视学生的综合素质培养，对学生的心理健康教育关注度更为微弱。是否讲礼貌、是否讲诚信、是否爱岗敬业、是否吃苦耐劳、是否抗压抗挫折、是否沟通无碍等品质对于高职院校的学生来说不仅仅会影响他们在校时的举止言行，更会对他们今后的求职就业有很大的影响，这也将是用人单位在择优录用毕业生时考虑的条件之一，因此，高职院校理应加强学生素质培养。

利用互联网手段，创新文体活动形式，提高学生的参与度和积极性。部分院校在举办各项文体活动时，学生参与率不够、积极性不强，起到的育人效果不佳，通过调研发现，有的部门仅仅以完成任务的心态在开展活动，没有考虑到学生的参与率和实际获得的效果，学生之所以参加活动很大程度是为了完成任务，所以敷衍了事，没有真正地得到锻炼。文体活动的开展首先应考虑到学生的参与度，主办部门应组建专业的文体活动团队，指导文体活动，创新活动类型，找到活动与学生的兴趣上的契合点，提高学生参与度。部分院校因考虑到学生的校外安全问题，鲜少开展如长跑、徒步、团建等校外活动。这些校外活动更有利于训练学生抗挫折、抗压力、抗抑郁的能力，学校可强化校外的安保工作来保障校外活动的开展，这将有利于学生的心理健康。

（二）搭建优质网络育人平台，创新网络平台内容

高职院校应加强育人平台的建设和宣传，更好地发挥平台的育人功效。首先，加强对网站的宣传推广力度，提高网站的影响力，利用党团组织进行宣传推广，使党员、团员认识到教育网站的重要性，促使他们自觉地进行宣传。利用思想政治课堂进行网络推广，教师向学生介绍网站的功能，使学生更好地了解网站，保持网站内容的及时更新，提高学生的使用兴趣。其次，创新网站内容。根据学生的学习特点，结合学校育人要求积极创新网络平台内容，宣传一些接近学生生活的内容。学生教育管理网站是面向所有学生的，如果宣传的内容过于专业，就会降低一些非专业学生的关注度，因此，内容的选择要在保证教育性的基础上，尽量生活化。

（三）构建独具特色的校园文化，提升学生的综合素质

校园文化并非单纯是物质文化，同时也并不是单一的校园活动。校园文化建设一般涵盖四个方面，分别是制度文化建设、精神文化建设、物质文化建设、行为文化建设，不仅是学校历史内涵的具体表现，也是内在发展的重要反映，这将会对学生的思维模式、价值理念、综合素质造成重大影响。从校园文化建设角度来看，高职院校应始终秉承社会主义核心价值观，不断强化人文素质建设以及校园环境建设，大力推动校企合作，将企业文化融入实际教学之中，让产业文化深入校园，真正发挥高职院校所具有的文化育人作用，促使校园文化除了和学生成长情况相匹配，还要和社会需求相符。

三、以班级为依托搭建学生自我管理平台

如何在班级层面实施绩效管理，促进传统的班级管理模式的更新并使其与现代社会发展需要相契合，避免官僚主义倾向，是十分关键的问题。在管理实践中，可以尝试着将传统办法的长处与现代理念的优点相结合，从而初步形成一套可执行的绩效管理体系和方法。这套办法要具有一定的系统性，是以学生时间为基础的一整套的流程设计。本套办法的终极目标在于改善学生的自我行为，提高学生的职业化水平，在可能的条件下提高他们的专业化素质。

高职院校学生管理企业化模式并不是一个新的问题，但其自身内部却有着十分丰富的内涵。随着社会的发展、理论的丰富以及代际的传递，学生个体显示出其自身特有的时代性和个体性。因此，可以尝试以新的理念来补充企业化的内涵，从而推动该模式不断地完善。

以人为本的本质在于强调在绩效管理过程中，学生既是考核的主体也是被考核的对象。学生管理的企业化模式应当建立在尊重学生现有个性和倾向，强调教师必须有能力摸清学生的知识结构和思维路径的基础上，因势利导地使教师成为一个培训式的教练，而非与企业管理者相似的强调结果导向的角色，在该模式下更多的还是强调过程导向。

四、强化班级特色，创设创新环境

治大国若烹小鲜，班级管理与烹饪也有相通之处。面对高职院校学生身心状态不成熟、不稳定的特征，辅导员在班级管理过程中需要注意学生的"冷"与"暖"，把控好烹饪时候的"火候"，根据班级运行状况，合理控制班级氛围的相对平衡，让班级发展得"有滋有味"。如何得心应手地掌控班级管理的"火候"，

是需要不断进行探索的课题。虽然广大高职教师在课程教学组织形式、课程教学方法、专业实训教学、课程教学评价等方面进行了积极的探索与实践，积累了丰富的专业课程教学经验，但是在班级管理方面，大部分辅导员依然采用比较传统的管理方式，在组织班级活动时较随意，缺乏明确的目的性和规划性，大多从培养学生的品德、行为习惯等方面开展活动，较少从专业发展的角度组织班级活动。专业任课老师普遍认为开展班级活动主要是辅导员的责任，较少利用专业课这个阵地组织学生开展课堂或课后和专业相关的班级活动。无论是专业课老师还是文化课老师担任辅导员，如果能利用学生的专业优势，设计与专业相关的班级活动，不仅充实了学生的校园生活，更有利于引导学生热爱专业，从而挖掘出学生的专业兴趣和潜能，有利于学生更早认识到自己的职业能力，更好地进行职业生涯的规划。

因此，为锻炼学生的创新思维能力，培养可持续发展的职业素养，应该探索一套适合职业学校学生发展的班级特色活动，让学生在更好的环境中找到专业发展的路径。科学地规划好职业学校中班级活动的开展，将专业引领融入班级活动中，打破班会课、专业课、活动课之间的壁垒，在职业教育中发挥专业特色渗透引领的作用，搭建适合专业发展的班级活动，挖掘学生的潜能和优势，帮助他们树立明确的发展职业方向与目标，让学生树立正确的职业价值观。辅导员要尽可能立足于本班学生的专业特色，为学生在班级管理当中搭建平台，这无疑是挖掘学生潜能的好办法。

为了陪伴和指导学生更好地进行专业学习，营造良好的班级特色文化气氛，辅导员要认真做好准备，上好每一节班会课，可以开展各类主题的班会活动，如"新生入学教育""爱国主义主题教育""垃圾分类主题班课""我为班级添光彩——班徽班旗设计宣讲""消防宣传教育活动""运动会来了""成为最好的自己——个人集体获奖表扬""坚持到底是多久？""国家宪法日主题班会""预防艾滋病主题教育"等。其中，既有教师主讲的形式，也有学生主持的形式。

辅导员要充分利用课余时间，做好学校工作安排，保证用每天的课余时间对前一天的班级、个人情况做一个小结，多表扬激励，多有效处理班级基本事务，让课余时间变得有内容、有目标。班级的自习课和日常课程的管理是一致的，自习课的形式主要有两种：一种是完成当天没来得及完成的专业作业以及完成自习课要完成的专业作业；另一种是主题视频欣赏，例如，结合学校消防教育系列活动，观看《烈火英雄》，并将观后感在班会上分享。

结合学生专业发展，将专业实践融入德育课程中，是"以生为本"的班级管理理念的创新体现。辅导员可以带学生参观企业实践基地，让学生对未来的工作产生进一步的期待，促使学生全力投入学习当中去。组织学生参与企业实践，可以使学生对本专业产生更加具体的亲身经历与感受，更清晰自己未来的就业方向。在实习过程中，学生经过连续的应用实操过程可以了解和掌握比较清晰的开发流程和实践经验，进而获得一定的实际开发的体验和兴趣动力。这充分体现了学生在参与专业实践活动的过程中，创新意识与创造力得到了有效提升。

五、关注管理过程，实施目标管理

在学生管理中，实施"目标管理"除了能推动学生管理工作的规范化发展，有利于提升学生管理工作的有效性，还能促进学生的全面发展，真正达到人才培育目标，进而切实提升学生管理的有效性。

（一）制定科学合理的目标，调动学生管理积极性

运用目标管理法制定学生管理目标，要强调目标设定的合理性，根据学院整体的人才培养目标以及学生的实际情况，对管理的内外部环境进行妥善的分析。目标应具有可行性、可衡量性、便于考核等特点，尽量避免出现学生管理者重管理、轻学生自我管理的倾向。制定的目标过低或者过高都会导致目标失去意义，目标应尽量做到明确清晰，并由院校的高层管理者和基层学生管理人员共同参与完成，以确保每一位学生管理者对目标的高度认可，从而主动积极地完成管理目标。

（二）明确目标实施主体责任，强化责任落实

要落实管理工作目标，就必须确定各个目标实施主体的具体权责，将责任细化分解，由上至下，确定校级、院级具体责任人以及团委、辅导员、学工处等的具体职责，确保权责清晰。不仅要确保所有管理工作的成功开展，还要减少管理职责不明的现象，确保管理无漏洞。

（三）注重过程控制，提高管理质量

学生管理者在目标实现过程中要进行合理的控制，根据管理目标及学生实际情况做好预防措施，保证及时发现并处理有关问题，在管理目标和具体实施状况有所差异或者存在分歧的情况下，必须尽快予以修正，促使学生管理人员真正发挥其所具有的管理职能，不断提高服务意识，提高管理的效率和质量。

（四）做好检查和评价，确保管理成效

在学生管理过程中，学生管理者对目标的实施过程要不断地提供反馈，对各级目标的完成情况要事先规定出期限，定期检查目标的完成情况，检查的依据是事先已确定的目标，对检查结果要给予阶段性的评价，并根据评价结果进行奖惩，从而使目标管理能够顺利地进入下一轮的循环过程。

六、探索高职院校学生管理企业化模式

《国务院关于加快发展现代职业教育的决定》国发〔2014〕19号文件中指出："要推动专业设置与产业需求对接，课程内容与职业标准对接，教学过程与生产过程对接，毕业证书与职业资格证书对接，职业教育与终身学习对接。重点突出职业院校办学特色，强化校企协同育人。发挥高等职业教育在优化高等教育结构中的重要作用，加强职业教育与普通教育沟通，为学生多样化选择、多路径成才搭建'立交桥'。"在文件中尤其强调了要健全企业参与职业院校发展的制度，提出"要研究制定促进校企合作办学的有关法规和激励政策，深化产教融合，鼓励行业和企业举办或参与举办职业教育，发挥企业重要办学主体作用"。因此，通过构建企业化的学生管理模式，推进学生成长与企业需求的无缝对接正是切中了国家关于推进职业教育发展的精神实质与内涵。

由于高职院校的学制大多采取2+1的培养模式，即2年的学校教育加上1年的实岗实习学习过程，因此，事实上的学生管理模式演化只能在两年内进行，而制约模式演化的核心因素，即学生自我意识的觉醒和建立。

（一）学生企业化量化管理指标的构建

依托于体验式的班级管理理念，构建于班级企业化的学生管理及自我管理模式的基础上，为了推进理念和模式的落实，必须建立一套行之有效的考核管理规范，构建以"日常考勤、任务过程考评、任务结果考评、团体协助考评及教室环境考评"为一体的五大指标。

（二）企业化管理模式下学生自主能力的培养

即便在班级实现量化管理模式的情况下，利用了企业管理过程中过程考核与结果导向相结合的模式，但我们还必须认识到：从本质上讲，高职院校学生管理与企业员工管理有着较大的差异，即在高职院校学生管理中存在的是学生与老师的教学师徒关系，而在企业员工管理中存在的是员工与雇主的隶属关系。因此，相较于企业管理，学生管理的目标并不是效率优先的，而应当是以个人的能力素

质成长为优先,并综合考虑公平与效率的双重因素。所以,为了更好地发挥学生企业化模式的作用,必须综合考虑职业教育的内在规律以及学生成长的身心特点,充分利用该模式的有效方面,进行选择性适用。

结合高职院校学生干部培养以及党团建设发展的需要,"群众路线"依然是实现民主的不二法宝。而民主的本质并不仅仅是强调结果的民主,更在于通过民主的方式来实现"民为自主"的目标。结合班级管理的量化考核形成的过程管理的数据,结合现下时兴的大数据管理的理念,促使过程中的数据发挥其在学生结果评价上的作用,我们必须由过去的举手投票转变为多维度的量分评价,再结合绩效考核的过程汇总。这样既可以对一个学生的综合能力有一个全方位的评定,同时也能较为准确地分析出该生的群众基础,以此来启蒙学生的自我意识,引导其尊重自身权利,为今后成为一个合格的社会公民做好铺垫。

借鉴大数据理念中要求大量搜集基础信息的需要,学生民主能力的培养也是学生企业化管理模式的重要内容之一。区别于过往的传统学生管理模式,在这种管理模式中需要对学生的各类信息进行搜集整理,尽力从数据中全方位地展示出一个学生的素质。传统的干部选举为票决制,而票决制的基础是少数服从多数,但是同样也会有"真理往往掌握在少数人手中"的情况发生。票决制的另一个前提便是人在投票之前是绝对独立的理性个体,会公正地做出自己的价值判断,撇开了所有社会性的因素考量,因而在实际操作中,民主投票在班级层面的运用往往会易于受他人倾向性的影响并且有着产生不公正的可能性。

施行民主的根本性前提是投票人对候选人有充分且全面的信息了解,对行为动机有着明确的了解和认识,在此基础上才能保证公正性。而可量化的民主就是施行多维度权重打分的方式,可充分化解票决制带来的弊端。

七、重视网络化管理,促进管理方法多样化

(一)搭建专题网站,突出网站的实用性

高职院校要充分利用网络平台,建立校园专用网和专题网站。第一,在校园就业信息网中及时全面地发布与各专业相关的就业信息,同时开辟网上聊天室的窗口,针对学生提出的"如何制作简历""如何通过面试"等问题提出有效的解决方案与具体指导,为学生提供充分的就业帮助;第二,建立思政专题网站,针对学生出现的各种不良现象发起讨论,以探讨的方式传输思政信息,让学生在寓教于乐的氛围中加强对知识的认识,并更好地了解到不良现象的利弊;第三,在

校园官方网站中开辟生活专栏，定期发布一些廉价出租、兼职、勤工俭学、校外实习等咨询，为学生提供更多的实践机会；第四，构建和实际情况相符的思政教育专题网站，其中包括通知公告、媒体关注、理论学习、典型引路等重点模块，让学生构建在线阅读、思想引导以及资料下载的重要平台。

高职院校要想全面创新学生管理工作，必须依托互联网的优势，加强信息平台建设，充分利用网络技术，以丰富的媒体形式展示枯燥冗长的管理技术，动态、趣味地传达信息，以此丰富工作手段，提高学生管理工作的效率。

（二）基于数据思维，提高学生管理绩效

在网络化时代背景下，遵循互联网的精神和规律，将大数据思想融入高职院校学生管理工作中，以回归学生管理的本质，提高和增强管理绩效。大数据时代最大的转变就是放弃了对因果关系的需求，事实上，大数据就是所有的数据、所有的维度，导致了我们看待和分析事物的角度有所扩展和改变。大数据的价值不在于大，也不在于全，而在于数据挖掘、分析和预测的能力，核心在于理解数据的价值。基于大数据的学生管理评价系统可以聚焦于学生细分领域，针对不同的学生群体寻求差异化、个性化、精细化的管理和服务。通过在线数据了解学生的个人需求，优化离线管理服务，借助信息化技术手段实现从"人性化管理"到"智能化控制"，不断提高学生的智能化管理水平。

八、加强学生管理创新模式的应用评估

（一）高职院校管理体制的限制作用

目前我国的高职院校管理体制依旧是行政管理体制，尚未实现真正意义上的以市场为主体，所以，在宏观层面，学生管理还必须遵循行政体系的各方面要求。

（二）学生家庭因素及个性的差异化明显

由于高职院校学生的自身素质制约，该模式的运用需要一个较为充分的主动性的释放过程，即学生自身要能意识到自己需要对自己的未来成长负责，并敢于面对未知的困难。但由于"00后"的社会生长环境以及经济条件的改变，他们长期处于老师和父母的呵护之下，依赖心理较为明显，因而，在运用该模式的时候，要充分估计到个体差异性在统一模式下的不同反应。

该模式的重点就是要尊重差异化，促使差异显现出来，较以往强调服从性管理的模式相比，掌控的难度有所加大。在实践过程中可能会出现各类意料之外的

问题，因此，需要有充分的心理准备。

（三）学生的具体情况具有相对的差异性

学生管理的具体对象是人，而人的本质表现为具有较强的社会性。因此，每个学生都有其独特的背景和个性，这一点就印证了不可能有一套系统的模式是百试不爽的。同时，每一套模式都意味着一种规范，由于学生的个性背景不同，因而对企业化管理模式依然会产生认识上的误差。这完全是由于从刚性的服从管理到软性的自我管理的蜕变释放造成的，因此，在模式的具体适用上必须结合具体情况，权变适用。

（四）学生自身的理解能力的制约

企业化管理模式的内容在一定程度上超越了高职院校学生现有的理解能力，这主要是受其自身的人生阅历限制，即因为高职院校学生尚处于由自然人向社会人的过渡转化阶段。同时，由于基础教育阶段过分重视应试能力的测试，学生在涉猎范围、思辨能力等方面并没有得到长足的发展，因而对于一些较为复杂的内容缺乏理解能力。

由于高职院校学制短，对个体适应社会的能力要求较高，因此，这恰好印证了其需要进行高强度锻炼的必要性。因而，该模式能否得到有效执行取决于能否赋予学生主动参与的意识。

（五）当前高职院校学生主体的特质

现在进入高职院校学习的主力已经从"90后"转变为"00后"乃至"05后"，这批学生出生时的社会环境较以往的高职院校学生有很大的不同，在他们身上呈现出更为鲜明的个性特质：其一，对于权威力量和强制的行为规范的排斥。他们惯性地对现存的规定和规则有着强烈的反叛意识，对自己的想法有着强烈的信念和执着。其二，心理承受力较以往脆弱，易有挫折感。这与家庭经济环境较之前有很大改善有关，家庭环境的温室条件使得他们对外面的世界充满了憧憬，但同时对发生的失败和挫折也会产生强烈的挫败感。其三，心理问题有逐渐增多的趋势，这往往是源于家庭问题，而个人的挫折经历也起到了催化剂的作用。

根据人的成长发展理论，在经历了青春期后，一个人的世界观、价值观和人生观就已经基本成熟稳定，后续的发展便是一种修复和充实的过程。而当"00后"的新生代力量进入高职院校时，他们也不过是完成了一个压力释放的过程，即从外部压力大于内部动力转化为外部压力一次性抽空、内部动力尚未萌发的状态。

当功利性的升学动机完成了它的使命，而在高职院校中寻找不到学习以及成长的现实价值和意义时，学生的行为便失去了方向。

进入高职院校学习的阶段是一个青年人完成他从稚嫩走成熟蜕变的关键期，当处于内部动力不足、外部方向不明确的状态时，无端的时间耗费便是必然的结果，这从当前高职院校扩招中普遍存在的事件中便可以得到印证。

因此，针对现下高职院校学生主体行为与社会规范难以契合的现实问题，单纯的以传统式的授课说教来解决已经几乎不存在可能性。对于高职院校这个与社会处于半接轨状态的小社会来说，它亦是能够让这群青年人在这个相对安全的环境里尝试自己的想法和追求的最后屏障。由于现阶段的社会机遇与竞争已经到了难以容下微小错误的时刻，这也就对人的成长提出了更高的要求，具体分析如下。

其一，缝合传统与现实的断裂部分，既要求对历史有深刻的认知，又要求较为宽广的思维格局。因此，在这个层面上，为了弥补高职院校重实用轻素养的现状，要求在学生管理过程中，必须以先进的管理理念为引导，从清晰而明确的规范为支撑，在理解现实的基础上，遵循并重建自我的行为规范。

其二，由于时代变迁的关系，现阶段学生主体的心理呈现出一种特有的矛盾状态，既有着强烈的自我意识萌发，又对过往的环境有着强烈的不确定感和依赖感。正确认识家庭、社会、个人之间的关系，以较为客观的态度评价自己所处的状态，建立积极意识，化解负面情绪，这是解决当前学生心理问题的有效策略和方法。

任何一种模式都有其适用的限制性条件，而学生管理更不存在一套普遍意义上行之有效的办法，所以需要依据学生的具体情况，多因素地综合权衡考虑，进行适用。从某种意义上说，学生管理中的具体情境是抽象理论无法涵盖的，因此，我们必须对其有着清晰的认识。

九、打造"服务型"的师生关系

（一）关注学生需求，切实做到"以人为本"

高职院校管理工作之所以未能获得良好的效果，原因之一在于缺乏正确的观念指导。从互联网发展形势来看，该时代呼吁"以人为本"的重要理念，强调学校在对学生进行管理的过程中，必须充分发挥学生的主体作用，让学生可以发挥"主人翁"姿态，关注学生的独特个性，保证各项合理需求得到充分满足，提高管理的自主性与人性化。

在互联网背景下，高职院校要摒弃传统的管理理念，尽可能减少规章制度中硬性规定和不合理标准的比例，应坚持"以学生为本"的基本理念，由学生立场入手，在高度重视学生个性以及诉求的前提下，合理促进学生管理工作的开展，从而有效提升学生整体素质，引导学生树立正确的观念。同时，高职院校要转变传统的以培养专业技能型人才为目标的管理理念，适当地引进人性化因素，做到教育育人同步进行。一方面全面提升学生的专业技能，使其更好地适应社会环境，另一方面也要关注学生综合素养的培养效果，避免工作表面化，强化学生的道德品质，激发学生的主观能动性，实现学生的自主管理。只有这样，才能够实现高职院校人才培养目标，才能够助力高职院校学生成长成才。

（二）注重师生沟通，实施赏识教育

赏识教育是一种全新的职业教育模式，因为尊重学生是人性的本质要求，是服务学生最基本的发展要求。这种教育的特点在于深入挖掘学生的特点和优势，从心理教育入手，加强对学生的赏识教育，遵循高职院校学生的心理成长规律，在尊重、欣赏、宽容、包容的基础上，激发学生的潜在发展动力，积极增强学生的优势，发现高职院校学生的闪光点，增强学生的自信心，实现学生的横向和纵向全面发展，形成教学管理与学生管理的联动机制。

首先，沟通可以带动赏识教育。赏识教育的基础在于教师对学生的深刻理解，关键在于师生之间的有效沟通和交流，和谐师生关系的有效构建在于尊重和理解学生，通过对学生的积极评价，增强学生对未来发展和能力培养的信心。高职院校学生处于生命发展和社会发展的初级阶段，其心理发展容易受到外部环境的影响。教师在管理工作中的正面评价和沟通，可以充分增强他们与学生的沟通，从而保证学生管理工作的有效开展。

其次，重视赏识教育，激发学生的自主潜能。认识到在教育过程中进行有效的沟通和管理，可以充分激发学生的自主发展潜能，通过引导学生正确价值观的建构和培养，使他们在职业能力和思想水平的提升过程中能够以激励的方式受到鼓舞，进而帮助学生在赏识教育过程中对自己的发展前景充满信心。

最后，以能力建设促进服务管理。服务导向管理研究不仅是为了优化职业教育，也是为了提高学生能力。赏识教育中独特的教育潜力和教育动机可以突破传统教育理念下的师生关系，将有效管理与平等交流相结合，进一步发展以人为本的教育理念，通过目标驱动优化学生能力培养和观念提升，促进高职院校学生对管理工作的参与和理解，从而形成和谐的校园环境、平等的师生关系。

（三）树立互联网思维，强化学生管理队伍的服务意识

除了转变管理理念外，高职院校还应创新思维方式，以先进的理念为指导，调整与优化工作模式，使其朝着现代化、科学化、信息化的方向发展。尤其在网络化时代，高职院校管理者要树立互联网思维，充分利用先进的技术和设备，指导与辅助学生管理工作，同时还要加强管理与教学实践的融合，从而使得学生更好地发展。另外，高职院校还应转变"管束学生"的思维模式，在学生管理队伍中重新建立起以学生为本的"服务学生"理念，要平等、科学地开展学生管理工作，为学生创造良好的生活学习环境，提高学生事务服务水平。同时，学校还需要培养辅导员的组织协调、沟通交往能力，强化学生的自我管理和自律能力，鼓励与支持学生自主管理，使其主动积极地参与管理，以此切实提高学生事务管理的效率。

网络时代下高职院校学生管理模式的创新，并不是指全盘抛弃，而是以传统管理模式的精华为基础，围绕网络化时代的要求与发展特征进行改良、调整与革新，让新理念与传统管理模式紧密结合起来，以此提高学生管理工作的效率。

（四）管理理念融入日常教学，加强学生管理与教学的联系

对过去的教育模式进行分析可以发现，学生在学习过程中通常处于被动状态。在实际的教学过程中，教师具有较强的权威性，不注重学生的主体地位，学生也只是按部就班地学习教师讲授的知识。所以，对于高职院校来说，实际教学中同样需要重视"以人为本"的重要理念，并利用网络化教学手段培养学生在课堂上的主体意识，改变过去"要我学"的理念，逐渐朝"我要学"的方向发展，如此一来，便要求教师同样改变自身的教学方式，逐渐转变成注重沟通的一种双向互动的教学模式。例如，在实际教学过程中，发挥教学平台的重要作用，及时发布有关预习或者搜索资料的任务，在课堂上进行提问，要求学生进行协商讨论，高度重视学生的参与性以及主导性，教师仅发挥纠错和解答疑难问题的辅助作用，通过这种方式有效提高教学质量，并强化学生的主体意识。

第五章 高职院校学生管理制度的创新发展

学生管理制度建设的根本在于制度的执行与创新。在时代发展的新阶段、教育发展的新时期、社会发展的新形势下,现代管理理念逐渐深入高职院校管理各领域、各环节,要以有效持续为立足点,以高效执行为切入点,以科学创新为着力点,以有序衔接为落脚点,在学生管理制度建设中注重与时代进步接轨、与社会发展契合,切实提升执行力与创新力,打造符合现实需求、管理需要的学生管理制度体系。本章分为高职院校学生管理制度创新发展的重要性、高职院校学生管理制度创新发展的特征、高职院校学生管理制度创新发展的途径三部分。

第一节 高职院校学生管理制度创新发展的重要性

一、依法治理校园的基础

高职院校学生管理制度的主要功能就是规范学生的行为,促进学生健康、全面的发展,是确保高职院校稳定、长远而又基本的制度。近几年,随着网络时代的发展,大多数学校顺应新形势下的发展,按照国家有关的法律、法规,修改和健全现有的学生管理体系,但近几年出现的许多学生事件和问题,也反映出学生管理仍需要进一步完善。目前,我国高职院校的办学思想还有待完善,仍有一些薄弱的地方。有的学校依据国家相关规定,制定了科学、规范的学生管理制度并严格执行,对违纪学生进行了严肃处理;有的学校虽然制定了相关制度,也依据学校的制度对违纪学生进行了处理,但学校的相关规定明显"宽、松",表现出人情大于法纪的特征,这从一个侧面反映出在某些高职院校依法治国、依法治校理念还不够深入,还有薄弱环节。因此,学校要贯彻以人为本的理念,从"一切为了学生成长成才"的角度出发,进一步加强学生管理制度规范化建设,规范学生管理权限，明确职责任务，为"依法治校"奠定基础，不断完善学生管理体系，使学生管理工作更加科学、合理。

二、激励引导的航标

当前阶段，在高等学校教育教学过程中开展学生管理制度创新可以起到激励引导学生的作用。在学校运行和发展过程中，制度是一种重要的导向，发挥着重要的作用。在制定制度的过程中，设计引领学生成长成才的科学之路可以有效提升学生整体发展水平。一切符合实际的学生管理制度设计不仅可以提升学校运行管理水平，还能培育更加出色的校内学生，激励学生在正确制度引导下走上可持续发展的道路，成为社会发展的栋梁之材。

总而言之，制度都有一定的指向性，其根本目的是教育、引导、激励。每一项学生管理制度都包含着提倡什么、应该怎么做等明确具体的要求，都蕴藏着社会主义核心价值观的要求，都体现着学校的培养目标。学生在学习、理解、执行制度的过程中，就会逐步认同其价值导向、目标要求，确定自己努力的方向，朝着"合格的社会主义建设者和接班人"的目标去探索、奋斗。

三、科学管理的依据

制度的作用就是规范、约束，进行科学有效的管理。好的学生管理制度、好的学生工作管理团队能够使管理更加科学、规范、高效，提高师生工作的积极性，促进事业快速、健康、高质量发展，更好地实现高等学校育人目标；杂乱无序、不健全、不完善的学生管理制度，缺乏执行力的团队就会增加管理成本，降低教师工作的积极性，阻碍教育事业的发展，也很难为国家培养出合格的建设者和接班人。

学生管理工作中如若没有一个规范和标准，学生的责、权、利就没有办法量化，同样一件事，不同的人去做，如果没有统一的标准，就会有不同的过程及结果。任何事情都必须有一个标准，让全体师生按照一个标准去做，所做的过程及结果才都是一样的。用规章制度实现非人化管理，就会把学生管理的智慧凝结下来，将辅导员、班主任等管理者解放出来，抑制人为因素，实现规范化管理，这样的管理才有效益。因此，一切都要遵循规范化的学生管理制度。

四、实现学校自治的需要

当前阶段，学校自治是指学校作为一个法人团体，在我国法律法规制度允许的范围之内，通过多种方式自由自主地管理学校运行和发展，自主地处理学校内部的各项事务。在学校教学和运行发展过程中，学生管理制度的制定过程会在十分显著的意义上影响到校内民主的实践。如何改变高职院校运行和发展过程中陈旧的不符合实际的管理理念，在遵循民主法治原则的基础上，增强自身管理职能，是实现学校自治的要求。在学校运行和发展过程中，通过多种方式将民主法治的理念融入高职院校学生管理制度制定过程中，是学校提升自身运行和发展水平，促进高职院校长远发展的有效途径。

五、提升高职院校的社会影响力

目前，实行学生管理制度的改革，有利于提高学校在社会上的影响力。我们可以发现，在学生的教育和成长中，建立了一套科学、合理的学生管理体系，既能有效地指导和激发学生的发展，又能使他们终身受益，同时也能让其对母校有一种深深的情感。正是有了学生们的支持与关心，学校将会在成长的道路上增添众多支撑力量，从而提高学校的社会影响力，这些都是学校的无形资产。

六、为学生维护权益提供重要保障

高职院校的学生管理制度既保证了学生能够顺利地成长和成材，又为维护和促进学生的身心发展提供了必要的支撑。在制定高职院校学生管理制度时，应坚持"以人为本"原则，尊重和发展学生的个性，并赋予学生选择专业、课程、教师、学习方法等多种权利，以满足学生多样化、个性化的学习需求。在实施高职院校学生管理制度的过程中，要使学生树立正确的信仰和远大的理想，从而让学生们形成积极向上的"三观"。

七、为实现高职院校培养目标打造前提和基础

高职院校学生管理制度的建立，旨在为学生创造一个和谐稳定，有利于学生成长、成才的外部环境。习近平在全国教育会议上强调，要走中国特色社会主义教育的发展之路，培育"德、智、体、美、劳"全面发展的社会主义接班人。但是，若是想要把这个目标转化为高职院校学生的主动行为，就需要多种机制来保证。强化高校学生管理体系，是高校贯彻落实党的教育方针、实现高职人才培养目标的重要条件和依据。

八、实现高职院校育人目标的重要保障

没有规矩，不成方圆。规矩是做人做事的基本规则。不管是学习、工作还是生活，都少不了"规矩"。当然，在学校里关于学生的规矩就是学生管理制度。

"立德树人"是教育的根本任务,也是高职院校育人的目标。高职院校学生管理制度体系是高职院校治理的基本依据,是保证新时代中国特色社会主义高等教育事业健康发展的重要保证,也是实现高职院校育人目标的重要保障。

九、解决学生工作矛盾和问题的重要举措

当前,学生管理工作中存在的矛盾和问题主要表现在以下四方面。

第一,现有的学生制度与新形势下学生管理要求不相适应的矛盾日渐突出,主要存在管理工作中法治意识欠缺、管理者对制度建设不够重视、制度更新和完善滞后、现有的学生制度体系不能适应新时代学生工作要求等问题。

第二,学生管理难度加大与学生个性发展需求间的矛盾突出。传统的"一刀切"式学生制度不再满足当前学生教育个性化、多样化的要求,亟须通过"法治"管理来弥补和改进当前"人治"管理的不足。

第三,学生维权意识的增强与管理工作不规范的矛盾突出。学生权益保护意识日益增强,对当前学生制度的不完善、管理的不规范提出了新的挑战。

第四,学生法治意识薄弱与法治社会背景下人才需求间的矛盾突出,主要表现为高校重视专业知识,忽视法治意识、制度意识的培养,造成毕业生不能适应社会法治化、制度化等新常态,在一定程度上削弱了毕业生的核心竞争力。解决这些问题需要高校重视制度在学生管理中的作用,不断完善制度建设,发挥制度在规范管理中的作用。

第二节 高职院校学生管理制度创新发展的特征

自新中国成立以来,很多高校,无论是本科院校,还是高职院校的学生,其价值观念、道德观念、思想观念等都有了很大的改变。从最初的保守、审慎到张扬个性,思想开放,有独立的自我意识和自尊。从观念到行为,高职院校学生都在不断地发生着改变。高职院校学生处在人生观、价值观和世界观的形成期,往往会脱离实际,陷入幻想,在人生的认知中,往往会坚持自己的观点,不会有太强的抵抗能力,所以,要不断地完善学生管理体系,对学生的成长和成才起到积极的指导作用。从高职院校学生管理制度发展的历史脉络来看,其价值取向由国家与社会发展转变为人自身,制度特色上逐渐趋向系统化、整合化、法治化;管理方式上,学生自主意识逐渐增强。综上所述,从高职院校学生管

理体制发展的历史来看，有如下特点。

一、德育为先，以人为本

高职院校应该十分注重对于学生的道德教育，这与我国的社会主义现代化建设的治国方略不谋而合——"以德治国"，是中国特色社会主义建设过程中的必经之路，是我国"伟大中国梦"建设的重要组成部分，是走上富强、民主、文明社会主义国家的必然要求。

近年来，党中央、国务院非常重视对高职院校学生的思想政治素养的培育，给予了极大的政策保障和物质支持，发布许多指导性文件。例如，关于精神文明建设的决议、爱国主义教育纲要、素质教育的有关规定、公民道德建设实施纲要等，特别是《关于进一步加强和改进高职院校学生思想政治教育的意见》更是从战略高度指出高职院校思想政治教育工作的重要性和迫切性，这项工作的扎实开展，会为祖国输送千千万万思想素质过硬、道德品行优良、具有现代化建设的知识和技能的优秀人才。以《普通高等学校学生管理规定》为研究核心，它的两次修订都可以看出国家逐渐重视对高职院校学生道德方面的教育和引导。2005版《普通高等学校学生管理规定》中增写了"高等学校要以培养人才为中心，按照国家教育方针，遵循教育规律，不断提高教育质量，努力培养社会主义合格建设者和可靠接班人"的要求。2017版《普通高等学校学生管理规定》里写到"要坚持以立德树人为根本，以理想信念教育为核心，培育和践行社会主义核心价值观"。从修订中能清晰地看到学生管理制度的制定都是把德育作为出发点的，并且在管理中提倡以教育为主、惩戒为辅，注重学生的身心健康。

高职院校学生管理制度同时也体现了"以人为本"的精神，新中国成立以来，无论是学籍管理制度、考试制度，还是后续颁布的《普通高等学校学生管理规定》都体现了"以学生的利益为本"的精神。1990年版《普通高等学校学生管理规定》的第一条就写出制定制度的目的在于保障学生的身心健康，促进学生德、智、体诸方面的发展。2005年国家和政府提出了坚持以人为本，树立全面、协调、可持续的科学发展观。这就把以人为本提到战略指导思想的高度，强调以人为本是发展观的本质和核心。以人为本在学生管理中就是以学生为本，就是始终关心爱护学生，维护学生的合法权益。2005版《普通高等学校学生管理规定》也是按照这样的精神来修订的。2017版《普通高等学校学生管理规定》，无论是从创新的学习制度，还是保护学生合法权益的力度来看，都体现了高职院校学生管理制度的人文关怀，更具人性化和人情味，充分体现了教育为主的管理理念。

二、合法合理，依法治校

新中国成立以来，高职院校学生管理制度都必须依据国家法律、法规的基本要求而制定，不能违反国家、教育主管部门的相关规定，并且在制定任何制度规定的时候，都应把保护学生的合法权益和学校的整体利益结合起来。教育部颁布的制度和规定都是下位法，都是以宪法、法律相关规定以及教育法、高等教育法为基本依据的。

从高职院校学生管理制度发展历程来看，学生管理制度也不是一开始就与法律接轨紧密，也经历了不断修正与完善的过程。随着高职院校学生管理的不断进步，学校与学生之间不仅是教育与被教育、管理与被管理的关系，同时也是服务与被服务的关系。近年来，学校日趋重视"依法治校"的理念，因为学校与学生之间出现矛盾的事件日益增多。随着高职院校的不断发展，内部管理面临许多新问题。教育部以及相关行政部门在制定学生管理制度的时候，迫切需要把学生管理制度与国家宪法、法律以及相关教育法律相结合，减少学校与学生的纠纷事件。但事实证明，在高职院校学生管理制度的制订与修订的过程中，也确实越来越重视法律与制度的契合度。

三、可持续发展，自主创新

高职院校学生管理制度发展初期，中国的教育事业处于摸索阶段，高等教育属于精英教育时代，当时的社会环境相对简单，个人价值观与社会主流相匹配。高职院校管理学生在校期间的一切学习与生活，是一种传统的教学管理和组织方式。但随着社会的发展和时代的进步，高职院校学生管理制度与时俱进，从被动管理慢慢走向自主管理体系。学生自主管理体系在国外发展相对较早、较快，学生的自主管理权力有学生自主缴费、选课、独立学习。在与学生相关的学校管理方面，学生拥有与校方完全平等的权利。同时，学生的自我管理意识较强还体现在学校公共区域，实行独立的自我管理与服务，大大减少了学校与学生之间的管理冲突。随着中国高等教育事业的飞速发展，新时代学生的思想独立、个性鲜明，因此，自主管理体系的形成是必然事实。

从我国高职院校学生管理制度的发展脉络来看，具有可持续发展的特性。从高职院校学生管理制度的发展轨迹来说，都是以规章章程来规范学生的"一举一动"的，它强调管理制度的管束力。这些制度虽然有利于规范学生行为，为学生管理工作提供了良好的保障，但传统的高职院校学生管理制度不能完全适应变化着的学生群体。新中国成立以来，国家对于高职院校学生管理工作的探索在逐步加强，一系列的规章制度的出台对中国高等教育的深化改革、现代院校制度的建立都做出了巨大贡献。高职院校学生管理制度的修订与完善体现了可持续发展的理念，既能保护学生的个性发展，也不会影响学生的全面发展。

四、科学有度，规范稳定

高职院校学生管理是一门科学的管理工作，为确保学生的健康发展，必须认真探索学生管理的科学化之路。高职院校学生管理制度为学生管理工作提供了依据。改革开放以来，随着社会格局的改变，中国高等教育在内部建设、办学形态等方面发生了翻天覆地的变化，现代院校制度价值观的确立、社会时局变化的加快带动了高职院校学生思想的更新速度，对高职院校学生管理制度的科学化、规范化发展提出了客观要求。

在中国高等教育事业发展过程中，教育学者和专家也积累了一定的经验和教训。在高职院校学生管理制度发展的进程中，合法有序地制定学生管理制度，增强校园管理工作的规范建设，让学生管理的每个环节紧紧相扣、有理有据。从1949年以后，高职院校学生管理制度从简单、零碎开始，逐渐发展为以《中华人民共和国教育法》《中华人民共和国高等教育法》等上位法为指导，《普通高等学校学生管理规定》为配套的管理制度体系，使得高职院校学生管理制度科学有度、规范有理。整个学生管理制度体系突出了管理理论、管理实践、管理行为的科学性和规范性，严格遵循"一切为学生"的管理规律，推进学生管理的可持续性发展的实践进程。因此，高职院校学生管理制度走上科学化与规范化并驾齐驱的现代化轨道。

五、层次分明，内在统一

纵观高职院校学生管理制度体系的构建，它不仅涉及国家的法律、法规、条例、规章，宏观上具备立法层面的制度构建，还包括学校、院系、班级等一系列具体的管理规定，这体现了高职院校学生管理制度的管理主体具有层次指导性的特点。从内容上来讲，各学校应根据《普通高等学校学生管理规定》的主要精神，制定符合自己学校特色的学生管理规定。当然，高职院校在制订自身的校级学生管理规定时，应以学生职业技能为主要目标，引导学生多动手去实践，对于实践方面的制度投入应更多。

第三节　高职院校学生管理制度创新发展的途径

一、明确高职院校学生管理制度创新的基本原则与要求

（一）明确高职院校学生管理制度创新发展的原则

1. 以学生为主体

（1）确定高职院校学生的权利地位

在高职院校中，学生是学校的主要成员，他们是学校内部关系的权利主体。学校不仅要保护学生的正当权益、遵循权利行使的原则，更要真正地尊重和保护学生的权益，调整师生与学校的法律关系，树立"管理即为服务"的思想。

（2）明确高职院校学生的基本权利义务

新颁布的《普通高等学校学生管理规定》中对学生的权利与义务加以明确，为学生管理的内容与范围提供了一定依据。新规定明确了在校获得学籍的学生，应该享受到的基本权利与应该履行的义务，让权利主体能全面理解享受的权利与履行的义务，规范自身的行为。

2. 体现针对性

目前，高等职业院校的学生管理体制改革要有针对性，要有体制上的创新，要符合学校的最终培养目标。高职院校在实施学生管理体制改革时，应注意加强学生的实际动手能力，把人才培养作为终极目标。另外，要使学生管理体系发挥出最大的正面效应，就必须摒弃"拿来主义"，注重培养和培训学生的能力，从各种途径提高应用型人才的素质。在培养学生时，既要重视基本的教学，又要重视学生的品德修养，提高他们的发展水平，提高他们的综合素质，以适应当今社会的多元化要求。

3. 注重管理队伍的构建

在当前学生管理制度创新发展的过程中，要想实现最终的创新成果就需要重视对管理队伍的构建。通过研究分析和调查，我们可以看出，管理队伍的构建会对学生管理制度整体运行水平产生直接影响。因此，在实际管理工作开展过程中，需要加强对部分教师的管理。

现阶段，在高职院校学生管理制度推广过程中存在着一些教师责任意识相对

缺乏、思想相对落后，一直难以满足学生管理实际需求的现象，同时还产生了各种各样的管理问题和实施问题。为了解决上述问题，使得当前阶段学生管理制度更加具备创新性，需要不断引进优秀人才，对学生进行高效且科学的管理。在这一过程中，可以通过外部招聘的方式实现对学校运行和发展过程中管理人才的吸收，使得教师队伍不断充实。同时也相当于建立了一种隐形的激励制度，使得教师在管理活动中充分发挥自身的积极作用，促进学生管理制度提升运行水平。此外，还可以通过内部培训的方式提高管理队伍的整体水平。在学校管理和发展过程中，可以通过定期与不定期培训相结合的方式，增强对学校内部教师的管理和培训，通过知识讲授、开展活动等多种方式提升当前阶段我国高等学校学生管理制度创新发展过程中教师队伍的整体水平。

4. 强调学生自主管理

在学校管理和发展过程中进行学生管理制度的创新还需要注重挖掘学生自主管理的潜能。在学校发展过程中通过多种方式提升学生的自主管理水平，可以使得学生管理制度得到更好的贯彻和落实，也使得学生群体的素质和潜能得到较好的发挥。通过调查研究，我们可以发现，在当前阶段学生管理开展和运行过程中，学生会的成员大多是通过教师推荐或者民主选举的方式选拔出来的，因此，在对高职院校学生群体进行管理的过程中，可以充分发挥学生会的优势和作用，使其在学生内部产生显著的积极影响，促进学生自我管理水平的提升。当前阶段，我国高职院校运行和发展过程中实施学生管理制度创新需要有效注重发挥学生自我管理的积极作用，使得学校管理和学生自我管理水平同时得到提升。

5. 积极运用现代信息技术

随着当前阶段科技发展水平的不断提升，信息技术获得了快速的发展，也在教育领域得到了越来越广泛的应用。在当前阶段高等学校运行和管理过程中，网络在管理中的应用越来越普遍，同时也受到了更多人的推广。因此，在当前阶段开展学生管理制度创新的同时，可以充分运用信息技术手段发挥其积极作用。在学校开展学生管理制度创新的过程中，可以充分利用互联网的特性，加强对信息技术的使用，发挥网络高效和便捷的作用。通过调查研究，我们可以发现，虽然当前阶段我国许多高职院校在对学生信息收集过程中应用了互联网技术，使学生收集的信息较为完善，但是在学生管理方面的应用却有待提升。因此，在对学生管理制度进行创新的过程中，相关部门或者专业人员需要结合当前阶段时代发展的需求，利用先进科学技术的优点，使管理逐渐向数字化方向发展。学生管理不仅仅体现在教育教学活动中，也在学生生活过程中得到体现。因此在学生管理制度具体实施过程中，可以运用网络论坛的方式，加强教师群体和高职院校学生群体间的沟通和交流。通过网络及时了解高职院校学生群体的生活习惯以及学习情况，也使得教师群体可以更好地关注学生的想法，提升教育教学水平。除此之外，在学校开展教育教学过程中，教师还可以通过网络对学生的心理健康进行实时的关注。例如，在对高职院校学生群体的心理健康问题进行管理的过程中，专业技术人员可以通过建立健康咨询网站的方式，使得高职院校学生群体可以将心中的疑惑或者问题在网站中进行专业化的咨询，使得学生自身健康成长和发展。

（二）明确高职院校学生管理制度创新发展的新要求

"以学生为本"既是时代发展的需要，也是高等职业学校教师必须树立的一种新的教育观念。"因人而异"是目前高等职业技术学院教育的一个根本目标，它旨在为不同的成长背景、认知能力、行为习惯、兴趣爱好等不同阶段的学生提供有针对性的辅导，以保证他们最大限度地获得知识。这种教育方法一方面取决于学生的主观能动性，另一方面也要求学校加强制度建设，以适应新时期的教学管理体制改革。

1. 强调学生的中心地位

在传统的教学模式下，高职院校注重的是学生的共性，因而在教学中，教师对学生的个性缺乏足够的重视，没有针对个体差异的特点，制订出适合自己的教学计划。尽管这样的教学模式在以前的教学中有着重要的现实意义和必然性，并且可以节约大量的教学资源，但是它的教学方法并不能很好地满足新的时代要求，尤其是在现如今的信息时代。

2. 要求更多的教育灵活性

强调教育过程中的人文关怀是推动高职院校学生管理制度变革的一个主要原因，也是最能反映学生在接受教育过程中差异化的需求。在改革后的学生管理制度下，学生有了更多的自由选择余地，可以根据自己的意愿进行选修，同时也可以根据自己的意愿选择不同的学科，使自己的课程和个人的兴趣相结合，为培养学生的全面素质打下坚实的基础。

3. 为学生提供更多的选择空间

"以人为本"思想要求高职院校学生管理制度的创新既要与传统的学生管理体制有所区别，又要渗透到每个教师和有关工作人员的思维之中，这就是观念的转变。从当前的实践来看，大部分高职院校仍处于传统的教学模式，教师是主导教学的主体，而学生则是被动的合作者。教师为了便于统一管理、降低人力成本，往往采用相同的教学方法。但是，在教育观念、价值观等方面，传统的单一管理模式已经不能满足时代要求，学校角色从管理者到服务者，学生的"顾客性"特点越来越突出，学习方法的选择余地也越来越大。

4. 手段和载体实现多元化

在传统的学生管理制度中，一般都是由老师按照有关的文件和大纲来制定的，而学生的个人需要却很少反映在制度设计中。"以人为本"思想融入新的管理体系后，学生的主体性得以提高，也就是说他们有机会参与到学生管理制度的制定之中，至少在某种程度上可以反映他们的诉求，而教师要以满足他们的需求为主要手段。也就是说，在信息化时代，高职院校的信息不对称现象已经逐步被打破，教师要充分了解学生的需求，并根据学生的需求做出相应的调整和改进。

5. 创新性培育诉求

在传统的教育观念中，高职院校教育的最主要目标是实现某一特定知识的有效传输，即通过教师的课堂教学使学生掌握知识内容、搭建知识框架，在具体的实践中，均以教师的单向传输为主，学生在课堂教学中参与度不高，因此导致理解不深。在信息化时代下，学生接触知识的渠道日益多元，在课堂上接受知识固然重要，但最主要的还是通过课堂来实现综合素质的提升，在教师的引导下加深对于特定知识的理解。因此，在新的教学管理制度下，各高职院校还应将学生在课本知识基础之上的创新能力作为重要教学目标，激发学生的能动性和创造力。

二、掌握高职院校学生管理制度创新发展的方法

学生管理制度是国家法律对学生管理的具体要求和体现，也是对学生管理工作实践的总结和提升。

（一）立足于服务学生全面发展

学生管理制度是学校育人工作的重要内容，应遵循"以人为本"的育人理念，充分发挥制度的引领和服务保障功能，把服务学生的成长成才和全面发展作为学生制度建设的出发点和落脚点。要注重发挥学生制度在人才培养中的方向引领作用，通过修订和完善制度建设，把新时代国家对人才的要求和社会对人才的需求体现在制度中；要注重发挥学生制度建设在学生法治意识养成教育中的作用，培养学生学习法律法规、了解法律法规、遵守法律法规的良好习惯，自觉成为法治

社会建设的参与者和践行者；要注重学生制度建设，发挥学生自我教育、自我管理、自我服务和自我监督的"四自作用"，引导学生全面发展，用制度自觉规范日常行为，让制度不仅成为学生成长道路上的"红绿灯"，也成为学生全面发展过程中的"助推器"。

（二）立足于提升工作水平

学生管理制度是学校管理制度的重要组成部分，是管理人员面向学生开展教育、管理、服务工作的文件和规定，其权威性、稳定性和完备性是开展学生管理工作的重要保障，其科学性、指导性、规范性是提升工作水平的重要依据。

学生管理制度包罗万象，涵盖学生在校期间学习、生活等各方面，因此要根据学生工作实际需要和学生成长成才过程实际需要来建立和完善相应的规章制度。同时，学生工作政策性强、变化快，学生制度也需要与时俱进、及时调整，通过学生制度建设水平体现高校学生管理工作水平。重视发挥学生管理制度在学生工作中的连续性和稳定性的特点，通过完备的制度体系来保持学生工作的连续性、稳定性和规范性，提高学生工作法治化管理水平，避免因管理人员变动、外界干扰等因素而影响学生工作的正常开展。发挥学生管理制度在辅导员队伍建设中的指导性作用，通过制度的学习和掌握，提升辅导员队伍整体工作水平，有利于帮助青年辅导员更快、更全面地熟悉了解学生工作，尽快进入工作状态，提升工作水平。

（三）立足于彰显学生管理工作特色

从制定和颁布机构来看，学生管理制度可分为国家法律法规、学校章程、院系制度、班级宿舍规定等多个层面，其制定和实施都依据国家法律法规和学校的相关规定，体现了制度的规范性、统一性、通用性，各层面制度建设应与工作实际紧密结合，也应体现不同管理层面不同的管理工作特色、亮点和品牌。对于不同的院校、专业、班级来说，其发展历程、水平层次、专业背景、学生构成等方面存在差异，其发展思路、发展理念、发展目标、管理办法等方面也会产生差异。在制度建设过程中同样会体现出明显差异，彰显不同高校、院系、专业、班级中制度的专属性特点。在学生管理制度建设过程中，在坚持规范性的基础上，应鼓励通过学生制度建设助力学生全面发展、个性发展，鼓励高校、院系等通过学生制度彰显自身学生工作的特色和亮点，推进学生管理工作的"品牌化"建设。

三、优化高职院校学生管理制度创新发展的策略

（一）提升高职院校的学生管理效率

1. 优化考核机制

在高职院校的制度机制中，辅导员是制度机制的实际执行者，在学生管理方面拥有非常大的权限，这种情况下辅导员的综合素养直接关系到管理的质量。这种取决于个人素质的管理模式，与新形势下高职院校学生管理方向不相适应，因此需要改革辅导员机制，建立一套与管理目标相适应的制度，围绕高职院校学生就业能力打造学生管理新制度，优化《辅导员考核管理办法》，突出《辅导员考核管理办法》中的考核评价指标，与时俱进地评价辅导员管理水平，建立辅导员辅助就业指标，通过结业考核，评价教师的管理能力。辅助就业是辅导员转变学生管理理念的主要方向，在明确管理方向的基础上，辅导员能够更加积极地投入学生管理工作中去，摆脱过去教育形态的形式主义作风，发挥教师竞争机制的作用，提升高职院校学生学习的质量。

2. 优化辅导员管理内容

过去辅导员不仅要管学生的日常生活，还要负责专业教学，这个过程中耗费了大量的时间和精力，不仅管理效率严重降低，甚至影响了专业教学，因此需要优化辅导员管理内容。

首先，要梳理管理结构。学生管理制度有着多层次的结构，宿舍管理、教学管理、班级管理等内容都属于学生管理制度的内容。传统模式下，辅导员需要一把抓，学生管理制度都需要教师去落实，这种情况下，即便辅导员能力突出，也很难做到全方位顾及，学生管理质量很难得到有效提升。因此优化管理内容，先就多层次管理结构中的内容进行职责划分，学习管理和生活管理进行权责主体分离，辅导员主抓学生学习管理工作，通过优化管理内容，为辅导员减负，从而有效提升管理质量，适应新形势的学生管理方向和目标。

其次，建立辅导员监督体系。监督体系由学生会、教师委员会、家长委员会、高职院校合作企业负责人共同构建，就辅导员的违规行为进行监督，保证辅导员能够遵守国家法律、学校纪律、教职工行为准则等相关规范，阻断隐性权力的运作，发挥辅导员制度优势，真实有效地实现学生管理的目标。

3. 优化学生会职能

高职院校学生会是落实学生管理制度的主要参与者，长期以来，学生会制度

在学生管理工作中发挥了重要作用，也造成了一系列的问题。一些高职院校的学生会存在选举不透明、经费不透明、行为无约束等问题，造成了严重的社会影响，这与学生会职能的模糊性有着很大的关系。优化学生会职能，要重点突出学生会的辅助作用，发挥学生会的监督职能，在具体实践中，要立足于学生管理制度，引导学生会行使自身职能，在管理制度框架内，合理地行使学生会权力。对于违反校系纪律的学生会，要及时地给予警告，防止违纪行为的持续发生；对于严重扰乱校园秩序的学生会，需要解散重选，负有主体责任的要按照校规校纪给予严肃惩罚；对于违法犯罪行为，需要联合执法部门，主动配合，迅速平息事态，做好舆论导向。

（二）以校企合作为导向的学生管理制度创新发展

1. 明确学生管理制度改革方向

在校企合作的大背景下，高职院校应从学校自身、公共政策等方面，明确其发展方向。公共政策对高职院校学生管理体系进行了规范，体现了国家的意愿，体现了国家的方针和价值观，并使高职院校学生管理体制的改革有了清晰的方向。高职院校应根据自己的实际，结合校企合作的实际，对学生管理体系进行全面的分析，从而制定出相应的管理体系。

高职院校学生管理是高职院校与企业之间的一项重要内容，它能更好地完成实习教学工作，并能有效地控制学生的行为。新时期的校企合作，既是职业教育与教育发展的先导，又为社会所急需的专业人才提供了有力的支持。高职院校在实际工作中，由于对专业技术和管理的需求，急需一大批高水平的师资及相关的管理人员，因此，必须制定和健全相关的学生管理制度，以保证学员在实习期间的表现与工作规范，使其成为社会和公司所需的杰出人才。

2. 校企合作构建多元教育模式

高职院校在校企合作的大背景下，基于对学生的管理，具有与企业合作的条件，应该充分发挥这一优势，为学生提供更多的学习空间。学校可以和企业进行磋商，开展多种形式的培训，使学生能够直接到合作公司进行实践，同时也要留意不同于企业的在职人员。公司可以设立一个实习单元，让公司的高级职员带着学生去实习，并负责公司的日常事务。在此阶段，教师要对学生进行专业训练，注意学生的心理变化及学业进展，并与公司内部的导师进行交流，并及时跟进。企业与高职院校紧密协作，重视高职院校学生的发展，以达到不同的教育目的，同时使学生将来步入职场，能更好地适应公司的工作，是管理模式的一个重要内容。

3. 融合顶岗实习的管理制度

现如今，高职院校为了满足社会发展的需求，每年都要增加招收新的学生，所以每年招收的学生一般都有数万人。在这种情况下，高职院校学生的实习工作应如何进行，是目前高职院校急需解决的问题。高职院校与企业之间的合作与安排，是社会发展与国家政策导向的结果。在校企合作的大背景下，高职院校的实习管理要结合高职院校的学生管理制度，把实习管理制度和正规的学生管理制度有机地结合起来，使两者的整合没有任何冲突。高职院校学生管理制度可以更具包容性、更具体、更人性化，更能适应校企合作的需求。

4. 建立完善的评价机制和奖惩制度

高等职业教育要有健全的考核体系，有清晰的奖励与惩罚机制，这既关系到学生的学习成绩、能力，也关系到他们的学习成绩。成绩好的学生可以得到相应的奖励，成绩不好的学生可以得到相应的处罚。这一奖励与惩罚机制可以促进学生主动学习，培养学生的荣辱意识，培养他们的知识和能力。

5. 融入柔性管理理念，强化学生参与式管理

众所周知，我国推行素质教育已久，学生的主体性越来越被重视。在学生管理工作中注重柔性管理理念的引入，已经成为新形势下高职院校学生管理工作改革的必然要求。所谓"柔性管理"是指通过研究人们的心理及行为规律，采用非强制方式，使人们在内心深处形成一种潜在的说服力，从而把组织意志变为自觉的意识和行动。可见，不但"柔性管理"与"高职院校学生管理"的目标高度一致，而且将"柔性管理"融入"高职院校学生管理"中来，会大大提高学校管理的效能。如何将"柔性管理"融入高职院校学生管理之中，需要从以下四个方面着手。

一是要真正落实"以人为本"的管理理念。在高职院校学生管理中，不能只是喊口号、走过场、有名无实，而应该从受教育者（学生）主体出发，在制定、实施、改革制度时，充分考虑主体的真正需要，针对学生个人的特点，尊重学生的合法权利，将学生管理工作的重点放在激励与引导学生全面发展上。

二是将"软硬兼施，刚柔并济"的理念融入高职院校学生管理日常工作中。例如，设立学生宿舍园区管理模式，增强学生自主参与管理的积极性；在不违反原则的前提下，适当地宽容、包容学生的错误，建立"纠错容错"机制等。

三是替换制度表述用语。在准确告知学生相关事项的前提下，以引导性、肯

定性用语为主，例如，尽可能多用"应""可""能"式词汇，减少使用"严禁""禁止"式词汇的频率。

四是在不违反法律和上级部门管理要求的情况下，积极营造管理制度的民主氛围，增加学生的认可度，以求达到"宽严并济，严爱并融，管服并进"的效果。可积极运用参与式管理方法，让学生真正参与学生管理，在管理中找到自身的归属感与参与的自豪感，最大限度地激励他们去深层次挖掘自身潜能，利用自身的能力和智慧去开展自我管理、自我监督，从而提高学生思想及行为层面的自觉性，达到更好的教育管理效果。

（三）以"执行力"与"创新力"为导向的学生管理制度创新发展

传统学生管理更加注重约束性制度的执行，强调管理效果，但现代治理视域下，学生管理制度更加侧重柔性管理，强调治理的有效性和可持续性。在制度建设从效果到效能的转化中，执行与创新是最重要的两个方面。传统管理注重自上而下的执行，而现代治理更侧重对制度的细化分类，在原则性制度条款上强调师生平等基础上的契约式执行，在其他条款上特别是非正式制度上强调不同个体在不同问题上的灵活创新。学生管理制度是特定阶段学生主体与学校教学管理主体之间的相互关联。从主体来看，管理制度的执行与创新是教师要求与学生诉求之间的平衡；从发展来看，执行与创新是制度的现实效力与长期效力之间的平衡；从管理来看，执行与创新是学校发展目标、教师管理任务、学生成长需求之间的平衡。要改变现有学生管理制度问题，就必须切实提升其执行力和创新力。

1. 以有效持续为立足点

学生是学校管理的重要主体和对象，学生管理需要遵从学校这一组织单元的运转规则，将这种规则具化到学生管理事务中就形成了制度。这种对学生学习生活等活动进行规范调整的依据，具有自身的生命周期：以制度谋划制定为发端阶段，以制度执行为实施阶段，以制度废止为消亡阶段。

其中，最为关键的就是执行阶段。执行效率的高低决定了制度的最终成效。一定程度上，制度执行是对学生群体属性的放大。当学生作为个体走进集体生活时，就必须适应群体规则，为了共同目标接受管理。只有当群体属性被有力放大时，学生才能真正认识到集体的力量，从生命人转变为社会人。

同时，制度执行也是对学生自我潜能的发掘。传统的学生管理制度的执行往往集中在对学生人性的压制上，但现代制度执行则主张学生人格的健全，促进学生自我意识的觉醒以及对自身诉求的明晰。

另外，要围绕持续创新力下功夫。学生管理制度是围绕学生而展开的，在教育管理中学生的内涵特征始终处于不断变化中。要实现管理制度在时间轴线上的持续生效，使其成为作用于学生较长时间乃至一生的有用制度，就必须坚持制度创新。这是由多方面因素决定的：一是制度的适用对象在变化。学生是不断成长的鲜活个体，即使作为群组出现所面临的问题也是不断变化的，对于管理制度的诉求和反馈也是不断更新的，这就决定了无法用一定之规来约束无穷变化。二是制度的赋权内容在变化。管理制度说到底是对权利义务的规定，是对学生鼓励与禁止行为的明确。不同于传统教育公办与私立的划分，在现代教育多元化办学体制下，学生的来源不同，在学籍管理、生活管理上面临的问题也不尽相同，需要在制度中对其进行及时调整。

2. 以高效执行为切入点

学生管理制度是为了有效处理学生在学习生活中遇到的各类问题，处理学生在教育阶段的人际交往和集体生活难题。制度的执行也应当遵循一定的规范，做到科学合理、有理有据。

一是建立执行沟通机制，将制度执行作为师生沟通交流的途径，鼓励学生积极表达个体诉求和意见，引导管理者积极宣讲政策。在执行之前将管理对象的基本情况摸清，不仅要了解学生群体的综合诉求和成长阶段，也要了解学生个体存在的问题及背后成因，还要掌握学生的兴趣爱好以提高执行效率。在执行过程中要邀请多个相关主体参与制度执行，营造多元主体的平等氛围，发挥新兴媒介工具的作用，避免造成管理者与学生之间的零和博弈。

二是建立专业化的学生管理队伍，选拔了解制度、爱护学生的教师，不断加强制度执行培训，并将学生管理制度执行培训纳入教师常态性技能培训范畴，从执行内容、执行策略、执行方式及突发事件应对等多个领域培养执行人。

三是建立多样本执行方案。在制定制度时要避免多种导向，明确标准和原则；但在执行中要优化流程，在摸清学情的基础上争取多提出几个执行方案，一旦出现某个执行策略失效能够及时更替。

3. 以科学创新为着力点

学生管理制度是管理者开展教育管理的重要抓手，它的创新需要依托原有的制度文本，在制度有力、有效、有序执行过程中不断反馈，收集了解学生对制度的所思所想、所感所得，从而为创新提供驱动力。

一方面，要将制度创新纳入制度体系，形成学生管理制度文化，确保每个管理主体都可以在这个空间内自主开展创新活动。这就需要改变原有制度对人的严格约束，将制度执行的侧重点从学生思想与行为的覆盖面转移到行为上来，放开学生的思维和理念；将制度执行的关注点从对部分学生群体的约束上转移到对行为的鼓励与约束上来，努力挖掘学生个体在制度中的权利。

另一方面，要加大制度创新容错机制建设力度，为管理者自主创新提供空间环境。在制度体系中引导师生沟通交流，尽量做到交流周期固定、沟通形式多元，尽可能多地为制度创新提供实践样本和素材内容。

另外，要将制度创新具体化，建立创新奖励激励机制，引导更多有经验、能思考的管理者开展创新活动；建立创新成果评估机制，将学生是否满意、制度执行是否更有效、执行程序是否更简化等指标纳入评价体系，促进学生创新能力的提升。

中华人民共和国教育部令第41号《普通高等学校学生管理规定》第六条、第七条明确规定了高职院校学生管理制度的主要作用、对象及其相关权利和义务。高职院校在制定相应学生管理制度时，非常有必要鼓励学生积极参与。例如，可以在全校范围内以1∶300左右的比例选出学生代表，并由学生代表全程参与学生管理制度的研讨和制定，包括制度改革提案、审议提案、确定拟用制度明细、在全校范围内公示制度征集全校师生的意见、确定制度等过程。这样做能够增加学生对于制度的认可度和信服度，提升学生管理制度的可实施性，并且在一定程度上扩大了制度的涵盖面。

4. 以有序衔接为落脚点

现代教育活动中的学生管理制度创新应当遵循以下两个原则。

一是在原有制度的基础上、确保有效执行的前提下进行改造。

二是紧紧围绕学生核心来进行，确保创新成效能够更加全面、更为长远地为学生服务。

学生管理制度建设是不断调整优化的过程，需要将执行力与创新力统筹考虑，前者决定了当前制度的成效，后者决定了未来制度的成效。但在部分学校管理实践中，存在着二者偏废的问题，这就要求学校管理者应做好执行与创新的平衡：一方面，要分类施策，严格执行国家法律法规、教育方针政策，不断加大执行力度；对非正式制度结合本地本校实际，充分尊重学生诉求和教师意见进行调整优化。另一方面，要以人为本，坚定学生管理制度的既定内容，短期内不做调整，并针对新形势下的学情进行中长期调整；同时，对执行方式、惩处措施及奖励机制进行重点创新,利用新兴媒介手段,围绕学生个性诉求进行有针对性的创新优化。

(四)以责任意识为导向的学生管理制度创新发展

1. 以人本理念为基础

要想提升高职院校学生的责任意识必须充分发挥管理制度的功能性,寻找管理制度与责任意识教育之间的契合点,从而促使学生形成良好的责任观。在管理制度完善的过程当中,一定要注重管理的人本性,给教师和学生营造舒缓自由的办学环境,并且给予教师和学生一定的人文关怀。教师在管理过程当中要尊重学生的主体性,坚持民主化管理,用有效的制度来明确教师和学生担任的角色,由以前的灌输性教育转变成间接性引导,发挥学生的主体性,使其参与到教师的管理工作当中,促进学生进行自主化管理,从而体现出学生自我管理的价值,调动学生的积极性。只有坚持人本理念,采用民主化的管理方式才能促使教师和学生在管理过程当中承担自己的责任,让学生在教师的引导下获得成功的喜悦,激发学生的担当精神,从而重视自身责任意识的培养。建立有效的民主化制度可以让教育者享受更多的权利,根据学生的个性发展特点来为学生提供多元化的实践活动,让学生拥有更多的锻炼机会,从而利用有限的资源创造出最大的教育价值。

2. 采用丰富的教育形式

高职院校在管理过程当中不仅要注重管理制度的法治化和民主化,而且要注重管理制度的多元化。在多元化制度体系的建立过程当中,辅导员担任着非常重要的角色。辅导员平时应多关注学生,了解学生的个性发展特点和实际需求,这样才有助于教师在后期的管理过程当中针对学生的差异化特点实行差异化教育。所以为了使责任意识教育的实践活动能够落到实处,可以成立以辅导员为主体的制度建设团队。而多元化制度体系的建设不仅要对教育当中的权责关系进行有效明确,而且还要规范实践平台的搭建、活动目标性制度的确立等内容,它在学生责任意识教育的过程当中,承担着一个引导性的作用,促进学生由以前的被动转变成现在的主动,进而形成自己的责任意识观,学会尊重他人,与同学和教师之间建立友好的关系,并通过相应的实践活动建立自己强烈的责任心。多元化制度体系可以弥补传统制度体系当中的不足,能够激发学生的自我管理能力,促进学生责任意识的不断提升,从而有效地发挥出管理制度的功能性。

3. 注重教育的发展

高职院校学生的管理制度是随着学生的个性发展特点以及社会的发展而变化

的，但是在保持一定弹性和发展性的同时，要坚持以学生为主体的原则来进行制度的完善和优化，这样才能提升管理制度的有效性和科学性。

4. 融合法治教育

为了促进高职院校学生建立一定的法制观念，增强学生的责任意识。在管理过程当中要注重制度体系的法治化建设，这也是强化学生责任意识的一个重要手段和有力保障。学校在开展责任意识教育的过程当中，要站在法律的角度上保护学生的权益，履行自己的法定义务，从而让学生在法律的保护下，享受更加自由的学习环境和生活环境。同时学校可以针对责任意识活动建立一定的制度保障体系，在保障学生权利的基础条件下，对教师的行为和责任进行有效明确，并且对教师和学生之间的管理关系进行重新界定。

（五）以"制度化"与"人性化"为导向的学生管理制度创新发展

1. 加强对制度创新的重视程度

在高职院校学生管理制度创新中，为使得创新思维能够得到更好落实，对于制度创新工作要加强重视，促使更多的工作人员参与到制度的创新工作中，使得高等职业院校学生管理制度的完善性得到保障。关于制度创新重视程度的强化，可以从以下几点展开。

（1）进行适当的宣传

宣传的重点就是有关学生管理、学生管理制度创新的重要作用，这样工作人员会在潜移默化中受到影响，对于学生管理工作、学生管理创新都能够有正确认识。管理人员应该将更多精力放在学生管理制度创新中，在这一过程中，他们的创新思维会被激发。

（2）对相关工作人员实行奖惩制度

对于在管理制度创新中表现较好的工作人员，可以适当给予其奖励。反之，对于表现较差的工作人员可以适当惩罚。通过该种方式，促使工作人员对管理制度创新有正确认识，为后续学生管理工作的展开打下良好基础。

（3）加强对传统管理制度的分析

随着高职院校的不断发展，传统学生管理制度已经无法跟上高职院校发展的步伐，基于此，学生管理制度也要不断创新。安排专业工作人员对传统管理制度中的各项规章条例进行分析与了解，然后将可以使用的条例提取出来。再结合实际情况，将创新思维应用到其中，对规章条例进行细化。通过该种方式，使得管理制度的完善性与合理性可以得到保障。

（4）严格执行相关制度

制度的生命力在于执行，再好的制度，如果将其束之高阁也只能是一张废纸。执行力是保证各项学生管理制度全面有效落实的能力，加强执行力建设是提高工作效能的关键，只有狠抓制度的落实，才能确保各项学生管理工作要求得到有效执行。加强执行力建设，首先要明确高职院校的职责，严格落实校内各单位、部门和岗位责任制。每项工作都责任分解到岗，具体到人，做到任务目标明确、责任主体明确、工作标准明确、完成时限明确，不推诿，不扯皮，使各项工作和各个环节都有人抓、有人管、有人负责到底。严格落实首问责任制，建立完善的工作报告和情况通报制度，改革完善考核评价制度，构建科学合理的单位、教师和学生三维考核评价指标体系，把考核的重点放到制度的落实上来，加大对推诿扯皮、做表面文章、敷衍应付、形式主义等影响效能行为的查处力度，坚决追究有关责任人的过错责任；建立有效的绩效评估奖励机制，坚持考核内容和岗位责任制相衔接，注重平时考核结果和年度考核相结合，坚持把制度落实与师生的职称评聘、职务晋升、综合测评、评优评奖、推优入党等挂钩；完善监督检查体系，畅通师生监督渠道，充分发挥师生监督、舆论监督的作用；进一步加强作风建设，增强执行意识和改革创新意识，努力将各项制度的执行情况真正抓好、抓实、抓出成效，坚决杜绝不思进取、故步自封、敷衍应付和搞花架子、做表面文章等不良现象。

（5）坚决维护制度

尊崇制度、执行制度，并不是说要故步自封、自我满足、一成不变，而是要坚持守成与创新的辩证统一，既保持定力，又改革创新。守成，就是保持定力，就是保证学生管理制度体系的稳定性和延续性，用一以贯之的定力、一往无前的韧性、一张蓝图绘到底的"钉钉子"精神守护好在实践中被证明是行之有效、管用、成功的学生管理制度。对于这些制度，在任何时候、任何情况下，我们都要充满高度自信，做到初心不改、航向不偏、决心不动。创新，就是扬弃、抛弃，就是主动求变、积极应变，在保持具有我们自己特色的学生管理制度的稳定性、延续性的前提下，根据形势的发展和高等教育的实际，适应国家现代化发展的需要，及时摒弃那些不适合甚至阻碍我国高等教育发展、不适应现代高职院校学生管理工作需要的体制、机制因素，抓紧制定适应高等学校治理体系和治理能力现代化急需的、满足全社会以及广大师生对高等教育新期待、新需求必备的学生管理制度，使我国高职院校学生管理制度既保持社会主义特色，又能不断发展、成熟、完善，始终充满生机和活力。

2. 完善制度化与人性化融合

在高职院校学生管理工作的创新中，要在传统的制度化管理模式中融入人性化管理模式，而且必须提前构建出二者相融合的管理方案，这种方案应贯穿学校管理的方方面面，既能展现出学校管理的"威严"，又能让学生获得"相对自由"，可以在校园范围内自由发挥想象力和创造力，激发学生的学习和创造潜能。在校园实践基地建设的过程中，学校也要充分为学生的未来发展考虑，创新实践型的人才培养模式，让高职院校学生能够发挥出自己的优势和潜能。

3. 规范制度执行中纪律处分程序

（1）强化教育管理者的程序观念

高职院校中侵害学生权利的现象时有发生，这与高职院校内部管理程序失范有着密不可分的关系。高职院校内部管理程序失范的一个重要原因是教育管理者缺乏程序意识。良好的程序意识是教育管理者严格依法办事的基本前提，可以促使管理者尊重和保护学生的合法权益。各高职院校应采取多种多样的方式面向全体师生加大法治意识和程序意识宣传，严格要求学生管理者依法依程序行使自己的管理职权、切实维护学生的合法权益。

（2）完善高职院校学生处分程序

为了切实保障学生的合法权益不受侵害，在制定学生管理制度时首先要考虑其执行程序是否科学合理，尤其是学生处分程序的科学合理，不然学生即便有了委屈，也无法拥有合法的渠道进行申诉。

科学合理的处分程序应包括以下几个环节：首先是发现学生的违纪行为，保留和提供相应的证据；其次是根据学校的管理制度确定处分类型及等级，及时告知学生处分类型及等级以及其享有的陈述权及申辩权；如果被处分学生没有异议，签字确认接受处分；如果被处分学生有异议，听取学生的陈述和申辩，并进行研究讨论，确定学生最终处分类型并告知学生本人，如图5-1所示。在学生处分制度执行过程中，高职院校最易忽视的是提供相应证据环节。这一环节应该确保证据充分、依据合法（规）、定性准确、程序正当、处分适当。学生管理者发现学生违纪行为时应在第一时间留下相应证据，有了充分的证据，处分才能合理，才能让受处分者理解接受。另外，还需要进一步完善告知制度。在制定《高职院校学生处分条例》时要有明确的告知条款，在执行时应告知该生处分相关的制度及享有的权利，保证学生对自我违纪行为的认知。最后，要强化申辩权的行使和落实。从学生对所予处分进行申辩开始，除本人申辩外还可允许当事人聘请代理人进行申辩，但要注意符合行政法规中行政代理的要求。

```
┌─────────────────┐
│  发现学生违纪行为  │
└────────┬────────┘
         ↓
┌─────────────────┐
│   提供相应的证据   │
└────────┬────────┘
         ↓
┌─────────────────┐
│  确定处分类型、等级 │
└────────┬────────┘
         ↓
┌───────────────────┐
│ 告知学生处分类型及等级 │
│ 且其享有陈述权及申辩权 │
└────┬──────────┬───┘
     ↓          ↓
┌─────────┐ ┌─────────────┐
│ 学生签字 │ │ 学生陈述、申辩 │
└────┬────┘ └──────┬──────┘
     ↓             ↓
    ┌─────────────────┐
    │   确定最终处分    │
    └─────────────────┘
```

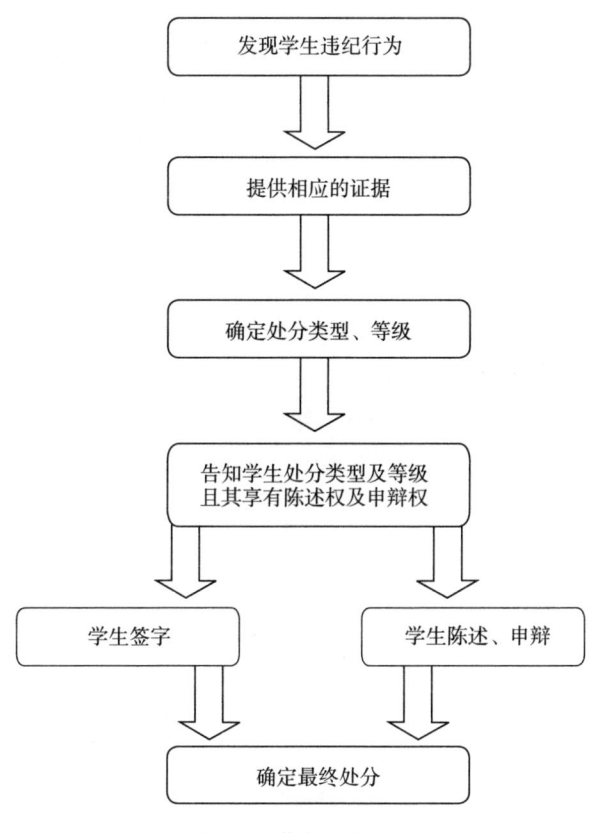

图 5-1　学生处分程序

4.加强对学生的分析

随着社会的快速发展，现代高职院校学生与传统学生之间存在很大不同。如今是互联网时代，互联网已经在人们日常工作与生活中得到普及，并且在提高生活质量、提升工作效率中发挥着不可替代的作用。高职院校学生更能接受新鲜事物，因此，互联网给高职院校学生的学习与生活带来了很大改变。

在互联网中，学生可以更容易地获取自身想要的信息。但是互联网中的信息良莠不齐，如果学生自制力较差，那么就很容易会受到不良信息的影响，影响学生的心理健康与生理健康。基于此，在学生管理制度的创新中，要对当代高职院校学生实际情况有正确的认识与了解，明确学生的学习情况、生活情况、思维方式等,在此基础上,对学生管理制度进行创新,这样才能保证学生管理制度能够与学生实际发展情况相符合。

5. 提升管理人员的创新意识

在学生管理制度创新思维的应用,以及创新工作的开展中,相关的管理人员发挥着不可替代的作用。在这一过程中,如果管理人员自身能够具备较强的综合素质、较强的创新意识,那么院校的学生管理制度的创新也将会有序进行,相应的,学生管理制度的创新性也会得到保障。因此,为使管理人员的创新意识能够得到提升,学校方面要定期做好管理人员教育培训。教育培训的主要内容就是创新手段、管理技巧等。通过该种方式,使得工作人员的创新意识能够得到有效提升,同时还能够学习到更多的管理知识与管理技巧。学校方面一定要积极鼓励管理人员对其他学校管理制度进行借鉴,这样在管理制度的创新中,创新思维会得到一定拓展,然后将创新意识、创新思维应用在学生管理制度创新中,更好实现对学生的管理,促使学生在高职院校学习期间能够养成良好的行为习惯、学习习惯,增强学生未来在社会市场中的竞争力。

6. 以"工匠人才"培养为管理导向

对于高职院校管理而言,学生最容易出现"死气沉沉"的情况,因为很多高职院校的学生对自己的未来并不是十分看好,但是我国当前最为紧缺的人才就包含"工匠人才",因此,教师在面向学生开展管理时,要以人性化管理为基础,为学生提供必要的"心理辅导",让学生对自己的未来就业及个人发展充满信心。以湖南财经工业职业技术学院为例,其本身已经申请了多个应用人才培养中心、学徒制人才培养试点,要在此基础上让学生了解学校设置相应实践基地的重要意义,让学生自己争当"芙蓉工匠"。

7. 将教学管理与学生管理相融合

在高职院校制度化及人性化融合管理的过程中,要将教学管理和学生管理融合在一起,让更多的专业课教师参与到学生管理的过程中来,因为专业课教师除了理论教学之外,更要指导学生的实践。例如,湖南财经工业职业技术学院就采取了校企联合培养"芙蓉工匠"的新模式,共建"技能大师"培育机制,加强"双师制"建设,从而实现区域人才输送的社会服务,为本校人才的未来就业"铺路"。所以,任课教师本身不能脱离学生事务的管理,而任课教师对学生的管理主要融合于职业素养培养中,直接指导学生未来就业。

8.把握制度化与人性化管理的平衡点

高职院校面向学生开展管理其实有很大的难度，需要科学管理方案及管理艺术的融合，要找到二者的平衡点，既要保障学校的正常管理，也要让学生有一定的自由度，但是不能过度自由。实际上，学生往往是因为缺乏"目标"才"散漫"，如果能够为学生发展提供方向、帮助学生找到自己的兴趣所在，即使不使用硬性的制度管理手段，也可以实现对高职院校学生的有序管理。

（六）灵活利用互联网提升学生管理信息化水平

1.深化对应用信息化手段重要性的认识

深化对学生管理工作中应用信息化手段重要性的认识是在思想和行动上重视学生管理工作信息化的前提。学校领导、专职教师和辅导员都应充分认识到学生管理信息化不仅满足了学生对新事物的无限兴趣，有利于学生在学习、生活中表现出更大的自主性和灵活性，更能够使教师的教育管理方式符合学生的心理情感需要，给学生积极的导向，帮助学生掌握先进的思维技巧。

2.提高学生管理工作团队的信息化应用素养

高职院校学生管理工作者要积极主动地学习现代信息技术，把提升高职院校学生管理工作的信息化水平作为人员培训、业务学习的重要内容；要及时吸纳新生力量，将具有较高现代信息技术知识技能的年轻人才充实到学生管理工作岗位；要聘请学院信息类专业教师开设专题讲座，把最先进的现代信息技术普及到学生管理工作队伍中；要在学生管理工作团队中营造互帮互学的氛围，通过传帮带、互动交流等方式，在潜移默化中丰富每个学生管理工作者的信息化应用技能技巧。

3.完善学生管理信息化建设思路

随着"互联网+教育"在高职教育中的全面应用，互联网技术已经广泛应用于高职教育、管理、教学的各个领域和各个方面，而且也发挥了一定的作用，特别是在组织实施的过程中，很多高职院校充分利用互联网技术大力推动学生管理信息化建设，而且在一些领域和方面取得了一定的成效，但仍然有部分高职院校存在学生管理信息化建设思路不够科学的现象。对此，应当利用互联网技术进一步优化和完善学生管理信息化建设思路，既要加强对信息技术、网络技术的投入力度，也要在综合应用方面狠下功夫，努力使教育与引导、管理与服务进行有效结合。要对现有的学生管理系统进行改造和升级，推动学生管理系统的开放性，对于能够公开的信息应当在学生管理系统中进行公开，学生也可以通过注册的方式使用学生管理系统中的相应权限，这既有利于深入开展学生管理工作，同时也能够为学生解决问题创造良好的条件。

4. 打造学生管理信息化应用平台

对于开展学生管理工作来说，要想使其取得更好的成效，特别是在实施"互联网＋学生管理"方面实现更大的突破，应当打造多元化、系统化、融合性的学生管理信息化应用平台，同时还要强化各平台之间的对接，进而推动"智慧管理"在学生管理领域的有效应用。在具体的实施过程中，高职院校应当运用"互联网＋"思维，通过网络技术、信息技术、移动技术、云技术等的综合应用，打造具有综合性管理与服务功能的学生管理信息化平台，通过有效的资源整合，最大限度地提升学生管理工作合力。要充分利用新媒体开展学生工作，倾力打造微博、微信公众号、抖音号"三个新媒体管理平台"，根据不同平台的不同功能进行针对性设计。例如，微博具有很强的新闻传播功能，应当将其作为教育和引导学生的重要平台；微信公众号则具有很强的聚合作用，应当把发布通知、解读规章制度等作为重点；抖音号则应当发挥其传播功能，在弘扬校园文化、传播校园文化等方面加大力度。

5. 完善学生管理信息化运行体系

高职院校要充分利用互联网的开放性、互动性和融合性特点，进一步健全和完善高职院校学生管理信息化运行体系，努力使各个部门、各个方面、各个领域都参与到学生管理工作中来，倾力打造全员管理、全程管理、全方位管理的学生管理体系。要充分运用互联网技术构建学生管理信息化资源整合体系，特别是要构建大数据管理平台，规模较大的高职院校应当建立专门的"大数据管理与服务平台"，运用数据挖掘技术收集、整理和分析与学生管理工作相关的各类数据、信息，进一步提高学生管理的针对性，同时也要为高职院校决策提供第一手资料。在完善学生管理信息化运行体系方面，还要为各个部门之间、教师之间的交流、互动、合作提供有效的载体，如建立专门的沟通、交流、互动平台，实现学生管理相关信息共建、共享、共用，避免由于信息不对称而造成学生管理出现漏洞和矛盾，进而使学生管理更具有全面性、协同性和互动性，最大限度地提高学生管理的质量和水平。

6. 建立健全高职院校学生管理工作信息化组织机制

站在信息化的角度看，以往的学生管理组织机构设置存在着职责交叉重叠、人员安排不合理、任务分工不明确等问题，制约着学生管理效率效果的提升。高职院校必须立足于信息化的大背景，建立健全学生管理工作信息化组织机制，打造学校、系部、教师、学生四位一体的学生管理体系。在校园互联网和信息化设备建设上投入充足的资金，鼓励各类信息化服务与各学生管理部门协调管理的有机融合，强化信息化理论对学生管理工作创新的指导和支撑，落实学生管理事务机制的不断改进和创新。

7. 创新学生管理信息化工作模式

创新是进步的灵魂。对于有效应用信息技术和提高学生管理信息化水平来说，还要在创新学生管理信息化工作模式方面进一步加大力度，至关重要的就是要正确处理好线上管理与线下管理的关系，使二者进行有效结合，只有这样，才能提升管理水平。例如，教师在开展学生管理的过程中，应当使线上与线下具有很强的协同性，根据不同的管理内容利用不同的管理平台，既要发挥"亲其师、信其道"的作用，也要着眼于提高管理效率，在线上管理方面采取有效的措施。利用专门的微信公众号开展学生管理工作时，教师应当提升相关内容的吸引力，并使其具有教育性。在创新学生管理信息化工作模式方面，还要牢固树立"传播"意识，如将各个领域、各个方面的优秀学生案例制作成"美篇"进行传播，利用抖音平台弘扬优秀文化、优秀事迹、优秀学生等，能够起到很好的引领和示范作用。

8. 紧跟信息化发展脚步，加强学生管理信息载体软硬件建设

学生是社会中的一分子，高职院校学生管理的信息化与整个社会的信息化发展相辅相成。高职院校应结合社会信息化发展水平，加强学生管理信息载体软硬件建设，一方面应完善数字校园建设，通过校园一卡通系统积累学生的学习、社团、图书、用餐、医疗等数据，建立起科学化、精细化的服务评价模型；另一方面，引进"海运""奥蓝""爱耕云"等先进的学生信息管理系统，便于管理人员及时了解和掌握学生的学习、社团、生活等情况，增加师生的互动交流。

（七）以"培养就业能力"为导向的学生管理质素创新发展

1. 积极转变思想观念

只有积极转变高职院校学生管理工作理念，才能更好地推进基于就业能力培养的学生管理工作的有效运行，并在营造较好的学生管理工作氛围中，促进学生就业能力培养这一管理目标的实现。具体措施包括以下几点。

（1）加大宣传教育力度

高职院校可以充分借助校园网络、报纸宣传栏等新旧媒体，对基于就业能力培养的学生管理工作进行大力宣传，甚至还可以围绕这一主题开展工作会议，并邀请高职院校相关管理部门及教职工人员积极主动参与，并在深化参会各部门人员培养学生就业能力意识的基础上，对新时代学生管理工作的优化创新进行深入探究和讨论，进而建立科学有效的推进方法，使培养学生就业能力在学生管理工作中得到深入渗透，并推动学生获得更好发展。

（2）强化以学生为中心的教育理念

以往开展学生管理工作，学生的主体地位体现得不够明显，并在一定程度上降低了学生管理工作的实效性，而开展就业能力培养的学生管理工作，就要转变传统思想观念，并在以学生为本、尊重学生、发展学生等新理念的引导下，了解学生想要提升自身就业能力的真实需求，并根据需求开展教育教学和实践培训工作，促使学生就业能力和学生管理工作水平得到协同提升，在这一过程中学生管理工作者也能深刻认识到自身工作的价值所在。

（3）将管理者自我发展和学生需求满足有效结合起来

为充分调动学生管理者工作的积极主动性，并更好地达成学生就业能力培养要求，实际工作开展中还要将学生管理者的自我发展与学生需求满足有效结合起来，并通过有效构建培养学生就业能力的教育科研体系，引导学生管理者在工作实践和科学研究中获得职业满足感和成就感。

2.优化创新工作手段

高职院校开展就业能力培养的学生管理工作是一项系统性工程，对学生就业能力进行有效培养不是一朝一夕就能够完成的，需要采用科学合理的方法，只有这样才能够促进培养学生就业能力和提升学生管理科学化水平工作目标更好达成。

（1）明确工作思路

在明确工作思路指导下，基于就业能力培养的学生管理工作才能够有条不紊地展开，并促进学生管理工作目标的有效达成。实际操作中可以对高职毕业生就业能力需求进行深入调查与分析，在确定学生就业能力结构和构成要素以后，联系学生实际就业能力，对学生教育管理工作内容进行优化完善；然后通过打造科学有效的学生就业能力培养平台，促使学生就业能力水平得到提升。整个过程要做好评价反馈工作，注意对工作思路和实施流程进行优化协调，使基于就业能力培养的学生管理工作获得良性发展。

（2）推进第二课堂教育活动课程化

在高职院校学生管理过程中，要对学生就业能力进行培养，仅靠专业知识学习还不够，需要依托第二课堂给予学生更多实践训练机会。具体实施中可以明确学生就业能力培养指向，推进第二课堂教育活动课程化，并结合自身实际情况有选择性地参加，既能够增强学生的积极主动性，又能够实现学生就业能力的有效培养。

（3）第一、二课堂教育活动有效接轨

通过专业和非专业课程、理论与实践课程、团训与网络课程、学校和企业课程等相互融合，可以促进专业教学和实践教学相互融合，并在专业教学的支持下有效培养和提升学生的就业能力。

3. 建立健全工作体系

在健全的工作机制的引导下，基于就业能力培养的学生管理工作也能更加科学、规范地展开，除了需要众多部门及人员的参与外，还需要科学的工作制度保障，将各项工作内容落到实处，促进学生就业能力提升。

（1）学生管理制度方面

将就业能力培养相关内容融入其中，并将重点放在制度修订上面，例如，在对学生进行综合测评时，可以从学生职业化程度入手，积极拓展学生就业能力评价维度，在帮助学生提升就业能力的同时，积极转变学习训练观念，进而使其成长为职业达人。

（2）辅导员工作制度方面

将学生对自身就业能力的评价、企业对毕业生就业能力的评价等与辅导员职业晋升及职业发展有效联系起来，不仅可以强化辅导员培养学生的就业能力意识，还能够在学生教育管理工作中对实践教育活动进行精心组织设计。

（3）就业工作考核方面

除了要对学生就业能力培养课程教学效果进行评价调查以外，还要将所得评价结果纳入学生顶岗实习成绩中，进而促进以就业为导向和以就业能力培养为主的学生管理工作模式尽快形成和有效运行。

4. 加强工作队伍建设

开展基于就业能力培养的学生管理工作，还要一批优秀工作人员从旁提供支持，并且人员素质水平的高低也会对实际工作实效产生极大影响。这时候就要紧跟时代发展步伐，对外引进一批专业知识扎实、业务能力较强和工作经验丰富的优秀人才加入其中，并围绕实际工作内容开展教育培训活动，在提升学生管理工作人员综合素质的同时，也能使所开展的学生管理工作落到实处。

（八）强化高职院校学生管理工作法治化的措施

1. 完善相关法律法规

高职院校在建设法治化管理工作时，需要以相应的法律法规为支撑。因此，就需要针对相关法律法规进行完善。尽管近年来我国教育法制建设取得了长足的进步，但仍存在一定的问题需要解决。

第一，要加大立法力度。就目前情况而言，高职院校学生管理的具体法律规定不具备针对性，只是在大体的框架上有所明确，细节问题仍需敲定。例如，与学生密切相关的有关考试的法律法规尚未出台，导致校方对学生违规考试的处罚缺乏相应的标准，若部分学生对处理结果不满意，还会对学校提起诉讼，这样的事件比比皆是。因此，国家应充分掌握高职院校学生管理工作开展的情况，分析具体的问题，在此基础上出台相应的法律法规，为其提供法律保障。

第二，要针对现有法律法规中不完善的部分进行修缮。虽然我国在多年之前就出台多项教育领域的相关法规，例如，《教育法》《高等教育法》等，在实行期间也经过多次修改，但与目前不断发展壮大的高职教育相比，还是难以满足高职院校的实际管理需求，多数学校对于上述法律的落实情况不佳。因此，国家应加快对一些现有法律法规的审查和完善，使其能够充分满足现代高职院校教育管理需要。

第三，要建立健全学校内部规章制度。高职院校需要重视内部制度，针对各项教学和管理情况制定相应的规章制度，在响应国家法律的同时，对具体问题做出规定，明确章程，细化条款，以实现管理工作的系统化、规范化、功能化和人性化。

2. 大力宣传依法治校的理念

首先，要开设法律相关的课程。高职院校要坚持依法治校与学生管理相结合的工作理念，这也是社会发展的必然趋势。为更全面地提高高职院校法治化管理水平，提高素质教育工作的质量，教师要以身作则，带领学生共同提升法律意识。在学习法律知识的过程中，学校可在确认学生学习水平和意愿后，在第二、第三学期增设法律课程，主要内容包括基本的法律常识和相关的法律条例。在分析案例时，学生可以就自身的疑问提出问题，展开思考，并通过一系列方式提出合理的解决方案。同时，还要在法律法规的框架之内，正确处理各种问题，优化教学和管理效果。

其次，要加强法制教育和校园宣传工作的力度。高职院校需要重视法律法规的宣传工作，设立专门的宣传部和法律相关的社团，采取合理的方式进行法律宣传。

3. 以学生为主体开展各项工作

在开展学生管理工作时，要以学生为中心，遵循公平、公正、公开的原则，充分尊重和保护学生的尊严和基本权利。因此，高职院校必须遵守相关要求，将学校办学理念与法律法规相结合，以学生为主体，平等对待所有学生，保障他们的人格尊严和基本权利。学生管理工作必须摆脱传统观念的束缚，转变师生角色，使其站在同一高度上进行对话，在处理学生问题时，也要坚持以人为本的发展理念。

第一，在行使相关的管理权时，高职院校的管理层和教师必须尊重学生，不能够侵犯学生的正当权益，同时维护好学生的人格尊严。在解决相关问题时，要以学生为主体，为学生营造更加民主、宽松、和谐的校园法治环境。良好的法治环境可以对学生产生潜移默化的影响，不仅可以帮助学生提升法律意识，还可以鼓励学生积极配合学校的相关工作。

第二，高职院校要在依法治校的框架内，强化对学生的监督服务意识。当今教育发展要求教育工作者要以学生为中心，以学生发展为抓手，认真为学生服务。高职院校管理人员应禁止对学生提出简单粗暴的强制性要求，转而针对学生的个性化需求，运用恰当的方法激发学生的主观能动性，培养学生的自我管理能力，鼓励学生配合管理工作，以此来减少管理过程中出现的矛盾。

第三，高职院校还要充分落实人权理念。我国是社会主义法治国家，高度重视公民人权。在对学生进行管理教育时，学校要贯彻以学生为中心的教育理念，树立德育优先的教学意识，将学生个性发展与学校规范化管理相结合，实现更好的管理教育。

第六章 高职院校学生管理机制的创新发展

学生管理机制是学校实现人才培养目标,促进学生思想、学术、人格全面发展和身体健康成长的核心工作机制之一。创新学生管理机制是推进高职院校管理改革、优化学校内部管理体系、建立现代高职院校制度的必然要求。本章分为高职院校学生管理机制创新发展的重要性、高职院校学生管理机制创新发展的原则、高职院校学生管理机制创新发展的途径三部分。

第一节 高职院校学生管理机制创新发展的重要性

一、保障学生管理工作的运行

创新学生管理机制离不开制度化管理,而制度化管理顾名思义就是要将学生管理工作制度化,制定合理科学的学生管理机制。制度化管理是整个学生管理工作得以开展和提高的基础,所有的学生管理工作都是建立在学生管理制度上的,这种制度化管理在一定程度上会约束和规范高职院校的学生管理工作,能够保障学生管理当中的各项工作得以有序进行。而且,这种制度化的管理不仅可以对学生管理工作进行约束,还能规范学生管理工作者的工作行为,能够在一定程度上提高学生管理工作者的管理水平,对工作者管理能力的提高有着很大的帮助。

二、促进高职院校的民主化管理

创新学生管理机制能够促进高职院校的民主化、人性化管理。人性化管理同样也是当前学生管理工作当中的重要一环。人性化管理强调要以人的主体感受为主,按照人的主体需求来制定相应的管理措施。将这种管理方式应用到学生管理工作上,不仅可以提高管理的效率,还能更好地提高学生的综合素养。这种管理方式的优点主要体现在它可以为学生创造一个相对稳定和有益的环境,让学生可以在管理制度当中融入自身的想法,这在一定程度上可以促进高职院校的民主化管理，这种管理方式不仅会提高管理效率，而且还会受到学生的支持，更容易被学生所接受，为高职院校实现高水平的学生管理提供了可能。

三、有利于培养学生的综合素质

高等职业院校是学生们在校学习和发展的殿堂，在校学生质量与院校的学生管理机制有着密切联系。建立健全科学、有效的学生管理机制能够全面促进当代学生的群体特征、学习需求、发展期望以及行为方式，并在日常管理中施行符合现代化职业教育育人要求的管理策略，帮助学生在校期间顺利获取符合社会发展需要的专业知识和关键技能，具备新时代人才的核心素养与思想品质，树立正确的价值观和职业价值取向，培养学生的综合素质，从而提高学生立足校外现实世界的能力，为其终身学习与发展奠定坚实的基础。

四、有利于与学生建立情感联系

社会、经济、科技、文化、环境等因素的变化对当代学生的生活和学习思维产生了一系列的影响，经济全球化新视角和多样化文化正在重塑他们的观念和需求。作为学生的思想引领者，高等职业院校应更新学生管理观念，建立起合理的、符合学生心理需求的学生管理机制，有利于对学生的日常生活和学习产生有益的甚至深远的影响，在学习模式与工作环境不断发生变化以及技能组合不断发展的情况下，在一定程度上帮助学生缓解焦虑和不确定感，提升学生在校的幸福感和体验感，与学生建立情感联系，从而发挥出更多的协同作用，实现更多的良性互动，让学生对职业教育充满信心，坚定未来的职业发展方向。

五、有利于建立张弛有度的管理机制

制度化管理和人性化管理在一定程度上来说是一种优势互补的存在，二者都存在着一定的缺点和优点，如果只使用一种管理方式进行管理，将会产生一定的局限性，对于整体的学生管理工作来说极为不利。因此，高职院校中的学生管理工作者要尝试将制度化和人性化这两种管理工作方式结合起来，提高学生管理工作的效率。

总体来说，制度化管理虽然能够很好地规范学生管理工作，但是其系统、单一和严格的特点容易让学生产生厌烦心理，而且单一地使用制度化管理方式会降低学生的主体感受，无法提高学生管理效率。相比来说，人性化的管理方式虽然能够让学生管理工作更加民主，但是盲目地收集学生的意见会使得学生过于放纵，虽然这种管理方式能够让学生拥有良好的主体感受，但是并没有起到很好的规范作用。所以，高职院校的学生管理工作者在将制度化与人性化融合的过程中不仅可以提高学生的主体感受，拉近师生之间的距离，促进师生交流与沟通，还能够利用制度化的管理规定对学生进行约束，有利于高职院校建立张弛有度、民主有方的管理机制。

第二节 高职院校学生管理机制创新发展的原则

一、以生为本原则

高职院校要以"一切为了学生的发展"为根本，关注每个学生，对学生负责。教师要能够民主、平等地对待每一位学生，尊重学生的感情和个性，保护学生的自尊心，建立和谐的师生关系。在高等教育普及的时代，高职院校的学生管理机制面临巨大挑战。学生是高职院校中最重要的群体，学生管理者必须把学生管理工作作为学生管理的主要科目之一，使学生管理工作能够顺利、高效地进行。因此，在创新学生管理机制的过程中学生管理者应坚持"以学生为本"的原则，提高学生管理的服务意识。

二、民主制原则

管理就是决策。仅凭一个人的经验和才能是无法充分把握决策的，特别是在知识和信息飞速发展的当今时代，因此，学生管理机制的创新发展之路也需要民主化。充分调动内部人员的积极性，是提高组织生产效率的重要手段。高职院校的人力资源以教师为中心，其中最重要的是第一线的教师。因此，学校应实行民主化管理原则，使教职工可以充分行使民主权利，直接参与学校的管理活动。其优点是，教职员工参与学校的管理活动，能够使其管理者的权益得到保障，促使教职员工合理使用自己的监督权，激发教职员工在工作中的积极性。

三、实事求是、与时俱进原则

高职院校的学生管理关系到学生将来的发展，必须坚持实事求是、与时俱进的原则。特别是在目前的市场经济条件下，高职院校的学生管理机制应遵循历史的潮流，坚持实事求是、与时俱进的原则。优秀的学生管理制度和管理方法对学生的整体发展有显著的影响。

四、教育性原则

高职院校学生管理机制是管理机制中一种特殊的管理类型，必须注重实施一致的管理原则。这种管理原则就是教育性原则，教育性原则不仅是学生管理的开始，也是学生管理的结束。

一方面，学校作为教育型机构，要把学生培养成具有独立思考能力和良好行为规范的优秀人才。

另一方面，随着时代的变化，高等教育体系和学生管理机制不断变化，但其变革和发展离不开教育的主线。当前，高职院校学生管理必须重视学生，尊重学生的利益和发展，使学生朝着道德诚实的正确方向前进，因此有必要对学生进行良好的教育。要在学生能够接受更好教育的前提下，改善高职院校的学生管理，促进学生管理模式进一步发展。

五、科学性原则

科学性原则是指学生参与学生管理的运行机制要在科学理论的指导下，采用科学的方式和方法，按照科学的规则和程序运行。

首先，任何事物的发展都必须遵循一定的客观规律，学生参与学生管理的运行机制也不例外。学生参与学生管理的运行机制必须遵循教育规律以及学生自身的发展规律，达到与规律的完美融合，提高学生参与学生管理运行机制的有效性。

其次，除了遵循规律，学生参与学生管理的运行机制还必须从学生参与学生管理的实际情况出发，紧扣学生参与学生管理的本质、内涵和特征，在不同的客观条件下构建不同的运行机制。作为一个由多个要素构成的系统，这个运行机制既要体现出学生参与学生管理运行机制中各个要素的不同特征与功能，也要体现出学生在参与学生管理过程中现阶段的发展水平以及潜在的发展能力。

高职院校学生管理机制创新过程中所要坚持的科学原则其实就是要进行科学管理，努力使学生成为有益于社会发展的人。

六、人本性原则

"人本"，顾名思义，是指以人为本。人本性原则是指学生参与学生管理运行机制的建设要以运行主体为中心，即以学生为中心。人本性原则是学生参与学生管理运行机制最基本的原则。从这项原则出发，学生参与学生管理运行机制要围绕学生运行，将学生看作其运行机制的出发点与落脚点，以维护学生的合法权益和学生自身成长的需要为目标导向，根据广大学生的年龄特征及实际需求，支持和鼓励学生生动活泼地、富有创造性地参与到学生管理的活动中去，帮助学生解决参与管理过程中所出现的各种问题，达到维护学生合法权益的目的。在学生积极行使参与权的过程中，充分发挥学生的积极性、主动性，从而提高学生的参与意识和参与能力,促进学生的全面发展。总之,学生参与学生管理运行机制要充分体现学生的主体性,以学生为中心。

七、系统性原则

任何系统都是由各个要素,按照一定的结构所组成的一个有机整体。从系统论的角度出发,系统性原则要求注意把握各个要素之间的关系,促进各个要素为同一个目标而共同发挥作用。

因此,学生参与学生管理运行机制的完善,首先必须从整体上把握其运行机制,处理好运行主体、运行环境、运行程序以及运行方式等各个要素之间的相互关系,把握好各个环节的运行程序,从总体上进行部署,合理分配,使其目标保持一致。

其次,注意吸收学生参与学生管理运行机制的主要要素,重点突出,对关键环节进行恰当处理,充分发挥关键环节的功能。

此外,针对学生参与学生管理内外部环境的变化发展,具体情况具体分析,采取不同的运行手段或方式,加强多种手段或方式之间的相互配合,以求达到最佳效果。

八、可操作性原则

可操作性原则是指保证学生参与高职院校的学生管理机制的顺利运行,这是学生参与高职院校学生管理机制的关键。

首先,学生参与学生管理机制的建设要尽可能地吸收以往学生参与学生管理机制的成功经验,根据学生管理机制的发展方向,在科学合理的前提下确定合理的运行目标和选择合适的运行机制,使其层次清楚、结构合理,而非愈复杂愈好。

其次,学生参与学生管理机制是一个动态系统,可操作性原则要求依据其运行机制的实际运行情况和变化发展趋势,对其运行机制实行柔性管理,在具体的运行过程中保持适度的弹性,对过程中出现的问题和变化了的情况及时采取有效措施,以保证运行机制目标的实现。

第三节 高职院校学生管理机制创新发展的途径

一、更新学生管理工作理念

(一)正确认识学生管理与学生服务的关系

从本质上讲,"管理"和"服务"是两种既关联又矛盾的职能。"管理"的理念是以传统的"教师主导"教育观为基础的,持这种理念的教育者假设"学生不知道如何做",要求学生必须按照学校的规定和教师的要求去完成各项学习和发展任务,被动地接受学校为其设计好的课程及其他各种活动。学校"对学生的管理"涵盖了学生在校生活的各个方面,包括学习、发展和个人生活等。这种统一的、单向的管理活动虽然在一定程度上承担了服务学生的职能,但却无法适应学生个性化的需要。与之相对应的"服务"理念则是以"学生主导"的教育观为基础的。持这种理念的教育者假设"学生知道自己该做什么""他们只是遇到了困难,他们可能需要教师的帮助",学校和教师的责任是在学生成长的过程中及时"响应"学生提出的帮助请求,"提供需要时的帮助"是这种"服务"理念的本质。这种看似被动的服务却有利于学生的主动成长与发展。

(二)树立"以学生为本"的理念

学校教育要以学生的发展为根本目的,教育工作的全要素、全过程都要围绕学生发展这个中心,要把关注学生的学习、促进学生的发展作为学校一切顶层设计的出发点和落脚点。同时这一理念还要求学校的各项工作必须尊重、维护学生的合法权益,在一定程度上来说,学校和教职员工不仅要树立"教书育人""管理育人""服务育人"的理念,还要树立"尊重学生""平等对待学生""维护学生合法权益"等理念,让每个学生在每个具体的教育、管理和服务活动中都能感受到学校和教职员工的尊重、信任、关爱,让学校的规章制度、管理举措和每个教职员工的一言一行与其他教学活动一样都成为促进学生成长的积极因素。

二、加强运行制度建设

在机构整合的基础上,结合高职院校章程的不断完善,对学生管理运行制度进行优化调整。

(一)优化运行流程

按照加强教育、管理与服务三种职能协同融合的要求合理配置和界定部门职能、责任与权限。运用制度、政策和规章等完善各类管理与服务工作的规范、标准并优化运行流程。在行政管理工作中应重点完善各项管理工作的办事规则、运行流程和相关的规定和要求,通过各种形式公开相关信息,让学生和教师都能够充分了解学生管理与服务工作的标准、流程与要求。在学术服务中应增强教师承担学生服务工作的角色意识和责任感,在后勤服务中应完善服务的质量标准并建立相应的工作保障制度，确保各项服务的品质。

（二）完善协同合作机制

完善各部门间的协同与合作机制，重点是在学校层面进一步界定学生管理部门、学术部门、后勤部门和其他相关部门的职责范围及彼此的工作关系，为各部门间的协同合作提供依据。同时，还应对涉及多部门的工作衔接机制做出规定，在各部门和各层面建立责权清晰、衔接流畅的协同合作机制。例如，学生学籍管理涉及学校学籍管理部门和二级学院教学管理部门，学生宿舍管理涉及后勤服务部门和学院学生管理部门，这些具体的管理工作都需要在不同部门之间建立规范的协同合作机制，这样既能保障管理工作的质量和效率，又能有效维护学生的合法权益。

（三）构建统一的信息共享平台

目前很多高职院校内部的信息管理系统存在各自为政的现象，不同部门各自建立自己的信息系统，无法实现信息数据的统一和共享。建立统一的学生信息平台，实现信息共享不仅仅需要在技术上构建统一的信息采集标准和统一的信息系统软件平台，更需要在各部门间建立统一的管理与服务模式和服务流程，形成内容互补、形式统一、标准一致的信息服务体系，为实现全校学生管理信息共享提供制度和机制保障。

三、加强学生参与学生管理机制建设

现阶段，我国学生参与学生管理机制中存在着诸多问题，因此需要对学生参与学生管理机制加以完善。

（一）以学生管理机制与学生自身的发展规律为前提

1. 以学生管理机制为前提

学生参与学生管理机制的建设要以学生管理机制和学生自身的发展规律为前提。以学生管理机制为前提，主要是指学生参与学生管理机制的建设要注意遵循学生管理机制的运行规律，在这个基础上，以高职院校的管理目标为导向，充分考虑学生管理机制的工作人员、教师和学生等管理主体之间的相互关系，了解各自的作用，协调三者之间的利益冲突，从而将这三者进行有机的结合，保证学生参与学生管理机制的正常运行，提高管理效率。

2. 以学生自身的发展规律为前提

以学生自身的发展规律为前提，则是指学生参与学生管理机制的建设要注意把握学生的发展规律以及成长特点，根据学生现阶段的年龄特征，从学生的实际情况出发，合理安排学生参与学生管理机制，采取适当的手段或方式提高学生参与学生管理的积极性，使学生自愿、主动地参与到学生管理的活动中去，从而提高学生参与学生管理机制的有效性。

（二）培养学生管理机制创新意识

目前，我国许多高职院校在学生管理机制建设方面都存在管理理念和管理方法滞后的问题，在大众高等教育阶段到来的当下，高职院校学生管理者的观念仍然停留在精英教育的传统时期，这阻碍了高职院校学生的发展，增加了高职院校学生管理的难度，因此，在一定程度上来说，有必要改进高职院校学生管理者的思考和管理方式，建立学生管理机制，保障我国高职院校学生的健康成长和发展。

1. 学生管理者须形成服务理念

促进"主体性"向"主体间性"转变，在当前高等教育的普及下，学生管理者应改变传统的管理观念，养成"为学生服务"的新理念，我国教育学博士冯建军教授主张改变传统的主体与对象关系，在学生管理中提倡主观原则。冯建军认为在主体性实践中创造了客观活动的主体性。因此，在创新我国高职院校学生管理机制的过程中，有必要深入研究主体之间的主体性概念，考虑学生管理者的"师生平等"概念，将学生作为管理的核心主体的一部分。在决定学生管理的规则和规章制度时，鼓励学生参与决策过程，让全体参与者对系统的有效性进行投票。这样既能保护学生的根本利益，又能促进和谐校园文化的创建，使学生和管理者更加和谐。

2. 创建"两元制"的学生管理系统

当今的学生管理重视学生服务，因而学生服务是管理的主要课题之一。在普及高等教育的基础上，尊重学生的利益，满足学生的需要，促进学生的发展，促进学生管理的顺利实施。因此，学生管理部门应以提高学生的学习和发展为目的，帮助学生实现自主学习和管理。在"校内"或"校级"三级管理模式的基础上，结合"公寓式宿舍"管理制度，形成双向的学生管理制度，以满足高职院校学生的需要，促进高职院校学生更好地发展进步。

（三）提升学生的参与素养

通过对学生参与学生管理机制的探索，我们得出了学生参与学生管理的主体责任意识不强、能力有待提高等问题。因此，从这两个问题出发，提升学生的参与素养应考虑到以下两个方面。

1. 确立学生在学生管理中的主体地位

在学生管理中，学生具备成为学生管理主体的基本条件，有自主能动性，具备借助各种服务组织或其他中介机构进行自我变革的创造力，具有自我发展和完善的内在需求。

一方面，学生参与学生管理的机制体现了学生管理过程中学生"管理者"与"被管理者"身份的内在一致性，充分调动学生参与学生管理的积极性，激励学生敢于动自己的"奶酪"，挖掘学生参与学生管理的动力，做到"该由学生决定的事让学生做主"，准确界定学生在学生管理中的功能定位，避免受到学生管理人员及教师等其他管理主体的忽视或者干扰，使得学生能够真正成为自我管理、自我发展、自我约束的学生管理主体。

另一方面，加强学生参与学生管理机制建设的前提之一是学生具有一定的管理素养，能够根据自己所掌握的管理知识及信息，通过仔细的研判，找准管理地位，对学生管理事务做出及时准确的判断及回应，更好地履行学生作为学生管理主体的责任与义务，促进学生主体地位的不断增强。

此外，在一定程度上来说，提升学生的参与素养有利于调整参与学生管理机制的主体结构，形成参与主体多元化、参与管理直接化的新格局，从而改善学生参与学生管理的环境，以良好的参与环境保持学生对参与学生管理的吸引力，满足学生的主体需求。

2. 增强落实学生参与学生管理的主体责任

权力意味着责任，责任意味着担当。学生作为学生管理的主体之一，与学生管理人员、教师等其他管理主体共同享有管理权力，分担管理责任。因此，作为参与学生管理机制运行的主体，学校必须不断增强参与学生管理的主体责任意识，自觉履行参与学校学生管理的主体责任，始终把参与学生管理当作自己的一项重要职责，为学生管理营造良好的参与环境，凝聚强大的参与力量。

（1）要注意增强学生参与学生管理的责任意识与担当意识

思想是行动的基础，要落实学生的主体责任，就必须注意转变学生的思想观念，增强学生有关主体责任的思想自觉性，使学生能够清醒地认识到参与学生管理是自己的分内之事、应尽之责，从思想自觉转化为行为自觉，做到内化于心、外化于行，促使学生更加积极、主动地参与到学生管理之中，在参与学生管理的过程中充分发挥自己的主体作用，落实主体责任。

（2）注重加强宣传教育

通过宣传，可以使学生管理的工作人员、教师等其他管理主体能够充分认识到学生参与学生管理的重要性和必要性，从而督促高职院校切实履行好对学生参与学生管理的支持责任以及示范引导责任，积极推动学生参与学生管理，切实保障学生在学生管理中的相对独立性和权威性。

3.注重培养学生参与学生管理的能力

学生参与学生管理的必要性不言而喻，它关系到高职院校发展的方方面面，与学生的根本利益紧密相连。同时，学生管理工作也是一项复杂而又艰巨的工作任务。目前，我国学生参与学生管理的能力普遍不足，所以我们有必要加强学生参与学生管理能力的培养，全面提高学生参与学生管理的能力，从而进一步加强学生参与学生管理运行机制的建设。

（1）建立合理的有关参与学生管理的知识结构

作为参与学生管理的运行主体，学生要注重加强自身修养，不断丰富自己的知识体系，具备一定的学生管理的专业理论知识，能够清楚地了解学生管理的规则及流程，为参与学生管理做好充分的知识储备。

（2）注重培养学生参与学生管理的实践能力

合理的知识结构固然是学生参与学生管理的基础，但是如果只注重知识的积累，而不注意培养和锻炼学生参与学生管理的实践能力，学生参与学生管理也不可能取得良好的效果。因此，学生要积极、主动地投身于学生管理的工作之中，切实提高自己的实践能力，从容不迫地应对学生管理的各项事务；此外，"求木之长者，必固其根本，欲流之远者，必浚其泉源"，学校也要注意加强对学生参与学生管理能力的培训。高职院校要认真听取学生的需求，以讲座、选修课等形式对学生参与学生管理进行教育、培训，科学合理地设置培训内容，使学生养成参与学生管理所需要的沟通表达能力、组织协调能力、决策及执行能力等，切实提高学生的参与实效。

（四）扩大学生参与的范围

1.丰富学生参与学生管理的内容

从行政管理事务、课程教学事务、学生事务以及后勤保障等四个方面出发，对丰富学生参与学生管理的内容与范围进行了说明。

首先，高职院校的行政管理事务与学生的切身利益并不直接相关，一般情况下在执行过程中也不会影响普通学生的切身利益，学生也不会投入特别的关注。但是，究其根源，行政管理事务主要还是围绕解决有关学生的工作，这就需要高职院校开放学生对行政管理事务的参与，通过设置一些行政助理岗位，适当地引导学生参与一些日常行政事务的管理工作。

其次，学生作为受教育者，其首要的任务就是学习。而高职院校的教学活动的主体地位又决定了其与学生的切身利益有着密切的联系。高职院校应该在教学管理上赋予学生更大的自主性，让他们更好地参与到学校的教学管理工作中去，这其中涉及的内容有课程的设计和安排、专业的选择和调整、教学管理的实施、教学质量的监督。

再次，在与学生的切身利益密切相关的学生事务管理上，高职院校应让学生自己全面管理自己的事务，而学校在这方面则主要起一个监督作用。

最后，在涉及学生自身学习、生活保障的后勤保障事务管理上，高职院校应给予学生更多的参与机会，使学生多多参与到有关的后勤保障事务之中，从而营造一个符合学生要求的、稳定、舒适、安心的学习环境。

2. 提高学生参与学生管理的层次

学生参与学生管理的层次是判断学生在学生管理中主体地位是否落实以及学生主体作用发挥得如何的一个重要指标。在学生管理过程中，提高学生参与学生管理的层次，需要做到以下几点。

首先，加强学生对参与学生管理的认同，激发学生参与学生管理的兴趣。美国著名教育家约翰·杜威认为受教育者的积极参与，以及他们的兴趣、思考和理解都是必要的。因此，从这种角度出发，高职院校要注意加强对学生参与学生管理的宣传教育，加深学生对参与学生管理的理解，从而使参与学生管理成为学生群体中的一个普遍共识。

其次，要注意提高学生参与学生管理的能力。学生管理工作较为复杂，有些工作对参与学生的能力具有一定的要求。只有学生的能力得到提高，才有可能实现较高层次的参与；此外，学生参与学生管理层次的提高，要注意做到学生对学生管理工作的"有效参与"。这个"有效参与"主要是指学生要真正践行对学生管理工作的参与，而不是形式主义上的参与。

最后，提高学生参与学生管理的层次，要保证学生对学生管理的"全程参与"。这个"全程参与"包括知情参与、评议参与、决策参与以及监督参与。

(五)调整学生参与的价值取向

由于高职院校中各个利益相关者都具有不同的知识、技能、需求、动机、价值观以及态度等,都有自己所追求的个人目标,因此高职院校的目标呈现出不同的价值取向,对高职院校的发展起着不同的导向作用。因此,学生管理中的各类参与主体,例如,学生、教师或者高职院校的管理人员等都会从自身角度进行着各种各样的博弈,各参与主体的这些目标也会引发各种行为,这些行为会相互影响。那么如何合理安排这些目标,协调这些行为,确保博弈的有序进行,对学生参与学生管理的运行目标的调整要考虑到以下几个方面。

1. 激发学生参与学生管理的兴趣

要做好教育引导,深化学生对参与学生管理的认识,促使学生认识到参与学生管理对个人成长以及学校发展都具有非常重要的意义,激发学生参与学生管理的兴趣以及热情,促使学生积极主动地投身于学生管理之中。

2. 提升学生自身的思想素质

融合思想政治教育、专业教育以及参与学生管理的实践为一体,提升学生自身的思想素质。将学生在校的三年乃至毕业后的人生发展与学校、国家等的发展融合起来,实现"小我"与"大我"的有机结合,让学生在参与学生管理的活动中逐渐形成科学的世界观、人生观、价值观,让学生在参与学生管理的过程中树立目标、践行目标、达成目标。

3. 充分挖掘学生的潜能

从学生管理的实践出发,以学生的个性化发展为导向,立足于学生自身发展的需要,明确学生在学生管理过程中的个性特征及参与潜力,充分挖掘学生的潜能,因材施教地培养学生参与学生管理的能力,利于学生明确自我发展的需要,促进学生的全方位发展。此外,要着眼于学生管理目标和学生参与学生管理目标两者之间的差异来确定学生参与学生管理的运行目标。

(六)优化学生参与的环境

环境因素作为影响学生参与学生管理机制有效运行的不可或缺的因素,是学生参与学生管理运行机制各个部分得以有效运行的重要保障。因此,要加强学生参与学生管理运行机制建设,就必须优化学生参与学生管理的运行环境,为学生参与学生管理运行机制营造一个科学、合理的环境。

1. 促进平衡发展

高职院校应加强学生参与学生管理机制与运行环境之间的平衡发展，使之相互协调和适应。运行机制与运行环境之间不能够相互协调和适应的主要原因在于运行环境的不完善。因此，要加强学生参与学生管理的运行机制与运行环境之间的平衡发展，最重要的就是要完善学生参与学生管理的各项环境，例如，观念环境、体制及制度环境、政策法律环境等。

首先，在思想环境方面，应建立正确的学生参与管理的思想。对学生来说，要有主动参加管理的意识，要主动地投入学生的管理中去；对学校来说，学生管理者和教师应该以开放、认同的态度对待学生管理，并加强对学生的监督。

其次，打造良好的学生参与学生管理的体制及制度环境。一方面要注重深化学生管理体制改革，厘清各方学生管理主体的权责，为整个学生参与学生管理运行机制建设奠定良好的体制基础；另一方面要建立完善的学生参与学生管理的制度体系，通过创设完备的制度体系来弥补现有制度的缺失与不足，为加强学生参与学生管理运行机制的配套建设打好基础。

最后，在政策法律环境方面，学校及政府作为学生参与学生管理政策法律的制定者，一方面要紧随高职院校发展及学生需求，修订已有的学生参与学生管理的政策法律法规，在一定程度上来说，摒弃落后的及不符合现在实际的法律法规，增强相关的政策法律法规的实用性及适用性；另一方面要加快学生参与学生管理的立法进程，制定一系列专门的法律法规，形成一个较为系统的法律体系，从而保障学生参与学生管理运行机制的有效运行。

2. 注意对运行环境的利用和改造

在学生参与学生管理机制的运行过程中，要特别注意加强对运行环境的利用和改造。

首先，要提高认识，切实重视学生参与学生管理机制的运行环境。作为利用和改造运行环境的前提，只有充分认识运行环境，意识到其长处与不足，我们才能有效地进行选择，进而利用和改造运行环境，从而使运行环境更好地为学生参与学生管理运行机制的有效运行保驾护航。

其次，应明确学生参与学生管理机制与环境的关系，进一步完善对运行环境的利用和改造。学生参与学生管理机制作为一个系统工程，它涉及的内容很多，运行环境作为学生参与学生管理机制的重要组成部分，对运行环境的利用和改造关系到学生参与学生管理机制是否能够有效运行，因而理顺两者之间的相互关系，对于利用和改造运行环境是非常有必要的。

（七）健全学生参与的程序

学生参与学生管理机制的运行程序作为学生参与学生管理机制的关键，在运行过程中表现为一系列的机制。因此要解决学生参与学生管理运行程序不规范的问题，归根结底是要健全学生参与学生管理的各项机制。

1. 健全学生参与学生管理的决策机制

健全学生参与学生管理的决策机制，需做到以下几个方面。

（1）建立科学的决策参与制度

科学的决策参与制度是学生参与学生管理运行机制有效运行的前提，也是实现决策规范化、程序化的重要保障。在决策机制中，建立科学的决策参与制度的关键在于保障学生能够参与学生管理的各项决策。

（2）坚持决策过程公开、透明的原则

当前，学生管理决策机构常常过分追求行政效能最大化，而忽略了其公开性、透明性，从而使最终决策难以顺利执行。所以，在决策过程中要保持公开透明的原则，保证学生在决策过程中能及时地掌握决策过程，从而使他们更好地理解决策过程；另外，在决策过程中，要注重各行政主体的职责，要充分发挥学生在学生管理工作中的主导地位。

（3）进一步加强学生参与学生管理的决策意识与决策能力

学生的决策意识与决策能力是决策机制的关键。作为学生管理的主体之一，学生要切实担负起参与学生管理决策的重要责任，努力提高自己的决策水平与能力，使之符合学生管理决策的需要。

2. 健全学生参与学生管理的执行机制

学生参与学生管理的执行机制，主要是指学生参与学生管理的一系列行为过程，也可称为行动参与机制。执行机制既是学生参与学生管理运行机制的关键，也是学生参与学生管理运行机制能否有效运行的重要体现。

首先，要注意落实学生作为管理主体在参与学生管理过程中的各项职责，使学生能够按照职责参与学生管理工作，做到职责清、责任明，从而确保学生参与学生管理工作的最终落实。

其次，要加强学生与教师、学生管理人员之间的沟通协调。一方面，学生要积极配合教师、学生管理人员的各项工作，及时将参与学生管理过程中所出现的问题告知教师、学生管理人员，提高高职院校的管理效率与水平；另一方面，教师、学生管理人员也要在管理过程中加强与学生的沟通协调，及时了解学生在参与学生管理过程中出现的各种问题，与学生共同探讨、解决其困难，保障学生参与学生管理工作能够落实到位。

最后，认真贯彻落实有关学生参与学生管理的政策法规，为学生参与学生管理提供重要保障。高职院校按照有关学生参与的政策法规，从学生的实际情况出发，出台具体的学生参与的工作举措，细化学生参与学生管理的工作方法，为学生参与学生管理提供明确规定，从而确保执行机制的有效性。

3.健全学生参与学生管理的监督机制

健全学生参与学生管理的监督机制是完善学生管理体制、维护学生合法权益的重要途径，在一定程度上来说，对于加强学生参与学生管理运行机制的建设具有重要意义。

（1）要注意增强监督意识

这主要包括监督者以及被监督者。在一定程度上来说，作为监督者，学生要敢于肩负起监督的职责，树立权利意识、民主意识和监督意识，积极主动地参与学生管理的监督。作为监督对象，高职院校要自觉接受学生的监督，充分重视学生监督在学生管理过程中的重要地位和重要作用，形成推动学生监督的良好氛围。

（2）高职院校要进一步深化校务公开

坚持以公开、公正为原则，通过推行"学生管理事务报告制度""新闻发布制度"等，进一步推进全系统校务公开。同时，要注意进一步深化校务公开内容，通过加大学生参与的范围与力度，使学生了解学生管理的方方面面。

（3）强化对重点环节和重点内容的监督

根据学生自我的不同需求，围绕"热点""焦点"以及"疑点"进行专项监督，加大监督力度，从而更好地履行学生的监督职责，增强学生的参与实效。

4.健全学生参与学生管理的反馈机制

为了充分保证学生参与，增强学生参与的激励性与导向性，在学生参与学生管理中要紧紧抓住反馈这一关键环节，健全学生参与学生管理的反馈机制，督促高职院校认真践行学生参与。

（1）丰富学生参与学生管理的反馈内容

反馈内容的丰富存在两个前提。其一是要保证学生参与学生管理内容的丰富性。学生参与的内容多了，其反馈信息也会涉及学生管理的多个方面。其二是学生管理信息的公开化。学生只有了解到与学生管理工作的相关信息，才能对学生管理人员、教师等进行回应。

（2）增强学生参与学生管理的反馈实效

针对学生管理的各项决策，高职院校在管理过程中要注意与学生进行公开讨论，及时向学生告知各种管理决策的理由及依据，解释学生意见没有得到采纳的原因及理由，增进学生的理解。同时，高职院校要针对学生的反馈结果，查找分析管理工作中存在的问题和不足，根据学生的意见，有针对性地进行改正，提升管理水平。此外，在一定程度上来说，还要注意优化学生参与学生管理的反馈方式。

（八）丰富学生参与的渠道

1. 强化组织载体

高职院校应拓宽学生参与学生管理的机构组织渠道，着眼于学生参与学生管理的实际需要，科学设置和建立健全有关学生参与学生管理的组织机构，扩大学生参与学生管理组织的覆盖面，做到哪里有学生参与，哪里就有相关组织，从而充分发挥学生参与学生管理组织在学生管理中的优势及其重要作用。强化学生参与学生管理的组织载体，需要抓好以下三个方面。

首先是学生参与学生管理的领导机构，主要是指高职院校的党委组织、校长等，其目的是实现对学生参与学生管理的集中统一领导。

其次是学生参与学生管理的职能组织，主要是指学生会、学生社团以及非正式的学生团体等学生组织。学生参与学生管理的职能组织要围绕学生利益的最大化组织学生参与学生管理活动，协调影响学生参与的各种矛盾冲突，积极维护学生的合法权益，努力做到为学生所需要、为学生所欢迎、为学生所拥护。

最后是学生参与学生管理的其他相关部门，主要是指高职院校的宣传部、组织部、教务处、学生处、人事处及后勤处等学生管理工作部门。面对日益活跃的学生参与态势，学生参与学生管理的这些相关部门要以服务学生为重点抓好部门建设，彰显学校关怀和利益调整功能，关心帮助学生，为学生排忧解难，维护和谐的校园参与氛围。

2. 改进网络媒介的应用

高职院校应扩大学生参与管理工作的网上交流渠道。网络媒体是在传统媒体如书刊、广播、电视等的基础上发展起来的一种新型媒体。随着新媒体的出现和流行，网络媒体成为目前高职院校学生参与管理工作的主要方式和渠道。然而，在对高职院校学生参加管理的网上交流渠道进行的调查中，不难发现高职院校学生的参与方式主要是通过学校网站、论坛等途径进行，而网络媒体的运用并不普遍。为此，要扩大高职院校学生参与管理工作的网上交流渠道，就必须完善网上媒体的运用。

首先，网络媒介的定位要明确。以高职院校官网为代表的一些正式化的网络平台以校内和校外人士为目标对象，内容要较为正式、严肃等。以高职院校微博、微信等为代表的一些非正式化的网络媒介则主要以学生为目标对象，在一定程度上来说，其内容要努力贴近学生的学习和生活实际，以学生的兴趣和需求为导向，而不单单作为高职院校官网的"缩影本"。

其次，网络媒介的使用方式要多样化。其信息的发布要考虑现在学生的接收方式，注意综合运用文字、图片、表情符号以及音频、视频等素材，做到语言独特、鲜明、生动活泼，吸引学生的注意力。此外，注意吸纳学生参与有关网络媒介的管理，组成一支专业化的团队。网络媒介的运营需要一支"专业化"的团队来分工负责不同事宜，而学生参与网络媒介的管理更有利于网络媒介的发展及使用，因为唯有学生才真正了解学生的内心需求。

3. 创新意见征询形式

创新意见征询形式旨在拓宽学生参与学生管理的意见表达渠道，因此学生是高职院校活动的主体，学生管理活动主要围绕学生进行，与学生有着密不可分的关系。学生意见的表达是学生管理工作的一个关键环节，也是学生参与学生管理的一个重要渠道。因此，为了改进学生参与学生管理的运行手段，我们要注意创新意见征询形式，拓宽学生参与学生管理的意见表达渠道。

首先，在校园的各个场所合理设置不同数量的意见征求信箱，同时保证意见征求信箱能够始终处于学生的视野范围之中，引发学生的兴趣，促使学生积极表达意见，从而达到广泛征求的目的。

其次，通过开通热线电话或手机短信等形式征求学生对学生管理工作的意见，同时要确保热线电话或手机短信等意见表达渠道24小时畅通，方便及时了解和随时关注学生的意见或建议。

最后，针对学生管理动态，随时发放无记名的《征求意见表》，使学生在了解学生管理动态的同时，学校也能及时掌握学生的意见信息，及时对学生管理工作进行改进。

4. 促进权利救济的实现

基于对学生多重身份的认识，学生在现代高等教育体制下享有诸多的权利，同时，"有权利必有救济"。因此，维护学生的权利，重在权利救济。通过促进权利救济的实现，从而拓宽学生参与学生管理的权利维护渠道。

首先，要注意增强学生的法律素养及维权意识。学生作为一个完全行为能力人，对自己的行为具有完全的支配和决定权，但其所处环境决定了学生的思想还处于一个较为简单、较不成熟的状态。因此，面对有损自己权利的不合法行为，学生往往不能做出有效的抵制，造成了权利救济的无法实现，学生的权益也就得不到有效维护。要增强学生的法律素养及维权意识，高职院校要注意设置一些法律课程，以选修课或讲座等形式向学生宣传法律知识，增强学生的维权意识，督促学生积极维护自己的合法权益，从而促进学生权利救济的实现。

其次，高职院校有义务对学生在高职院校中所享有的一切权利与义务进行公示，甚至在学生入学之前就应告知学生，并在学生入学之后进行专门的讲解，这样就使得学生清楚地了解自己在高职学校生活中应该做什么，而不应该做什么，从而更好地维护自己的权利，促进权利救济的实现。

（九）促进高职院校民主管理实践的开展

20世纪下半叶，管理学中涌现出一股关于民主管理的思潮。民主管理是指管理者在民主、公平、公开的原则下进行管理，将管理思想以科学的方式进行传播，对各个组织和个人进行协调，最终达到其管理目的管理方法。而对于高职院校而言，高职院校的民主管理则可以被理解为高职院校中的管理人员、教师以及学生，按照国家的法律法规以及学校的规章制度，依法行使民主权利，主动参与到高职院校的各项工作中去，并进行有效的监督，最终做出符合大多数人利益的决策的过程。学生参与学生管理被看作高职院校进行民主管理的一个起始阶段，对通过完善学生参与学生管理运行机制来促进高职院校民主管理实践的可持续发展来说是至关重要的。

一方面，从高职院校民主管理理论确立的初期开始，关键性的问题就在于如何采取有效的措施来引导学生积极参与高职院校民主管理。而学生参与学生管理的运行机制，能够在一定程度上提高学生参与的积极性和有效性，促使其他管理主体，例如，学生管理人员、教师等自觉维护和遵循高职院校的民主管理，从而使高职院校的民主管理实践更为有效和持久。

另一方面，高职院校的民主管理实践是一个长期性的过程，学生参与学生管理的运行机制能有效地提升学生参与高职院校民主管理实践的能力和水平。学生的参与能力和水平得到提升后，高职院校的民主管理实践一旦出现问题，学生也不再是以往的无能为力或者相互推诿，相反的，他们会积极地去思考问题到底产生在什么地方，是什么原因导致的，会以主人翁的姿态去考虑如何健全高职院校的民主管理，促进高职院校民主管理实践的开展。

（十）加快推动高等教育的转型

提升转型是指事物的结构形态、运转模型和人们观念的根本性转变过程，是一个主动求新求变的过程，同时也是一个创新的过程。在我国高等教育发展的现阶段，所谓的"高等教育转型"包括两个方面的含义：一是高等教育发展方式的转型，从以往的外延式发展逐步转为以提高质量为核心的内涵式发展；二是高等教育治理方式的转型，从一元、单向管理向多元治理的转型。转型提升是当今高等教育发展的一个必然选择，是一项长期系统，且较为复杂艰巨的工程。这就需要学校考虑到众多影响高职院校转型提升的因素。

其中，学生作为高等教育的主体，是最易受到转型提升影响的一群利益相关者，因此，在一定程度上来说，学生作为影响高职院校转型提升的一个重要因素，其作用是不容忽视的。

其一，学生是高职院校转型提升的一个内在动力。实践表明，当学生的主体性得到充分发挥时，高职院校的整体面貌也会发生不一样的变化，呈现出一种丰富多彩、生动活泼的状态。因此，高职院校的转型提升需要将学生的主体性、能动性以及创造性等激发出来，使之成为高职院校转型提升的一个重要的内在力量。学生参与学生管理运行机制则与这一要求不谋而合。

其二，高职院校的转型提升需要学生的理解和支持，而不单单只是需要管理人员、教师以及社会等多方力量的帮助。正如多伦多大学安大略教育学院院长迈克尔·富兰所指出的一样，如果在教育变革中，学生不具备某些有意义的角色，那么大多数的教育变革，或更确切地说，是大多数的教育都将失败。学生对高职院校发展"不仅知其然，而且知其所以然"势必会很容易化解高职院校转型发展中出现的各种矛盾，同时也会避免高职院校转型发展中许多所不应出现的问题，从而推动高等教育的转型提升。

四、优化整合学生管理机构

目前高职院校学生服务主要包括学术服务、生活服务、健康服务、法律服务、职业指导服务等五个方面。这些服务职能分布在教务处、学生处、招生办公室、科研处、团委和二级学院等部门和单位。由于机构职能交叉、责权不清，各个机构的运行规则不统一，制定管理政策和措施缺乏协同，导致学生管理政策"政出多门"，二级学院无所适从，管理和服务项目缺乏统一标准和规范的监督。因此，对现行学生管理组织机构进行优化整合是学生管理机制创新的核心任务。

（一）整合调整学生管理组织结构

以构建全方位、全过程学生管理体系为目标，充分发挥行政、学术和后勤等部门的育人功能，将学生思想政治教育与专业教育、学生事务管理和学生服务等融合为一体。根据学生事务的属性和类别对学生管理项目进行梳理，针对学生管理组织结构和机制存在的条块分割、职能重叠交叉和责任不清等问题，将分布在不同部门的管理职能进行整合和归类，重新设置学生管理组织结构和部门并对其相应职能进行优化。当前校级组织机构整合的重点是将分布在上述多个部门的学生管理职能进行分类梳理，将重叠设置的管理职能尽可能合并到一个部门（强化学生事务处的职能），同时对以往各部门都忽视的职能进行责权确认，明确职能分工，解决管理职能交叉重叠等问题。

（二）优化校院二级管理模式

通过组织职能调整对校院二级管理模式进行优化，重点是科学配置校、院管理部门各自的责权，完善部门之间的权属关系或协同合作关系。校院二级管理模式创新是学生管理机制创新的难点之一，在现有条件下，学生管理机制创新只能采取渐进的变革方式，即在不改变组织基本架构的前提下，对内部机构组成、机构职能和运行机制进行整合、调整和优化，突出服务职能，适当下放学生管理权限，激活基层部门的工作积极性，提高学生管理机构的灵活性和开放性，以更好地适应社会发展和不断变化的学生需求。

（三）形成全方位的管理与服务组织体系

二级学院也应根据院校二级管理模式的调整要求对自身组织架构和职能进行整合，将学生工作办公室、二级学院团委、教学工作办公室和系（所）、教研室的学生管理与服务职能进行重新梳理，明确各自分工。在专职学生管理人员和教师间健全学生管理与服务的衔接机制，形成涵盖学生成长各个环节的全方位的管理与服务组织体系。

五、坚持制度化与人性化相融合

（一）以学生精神思想为导向优化管理机制

将制度化与人性化相融合的高职院校学生管理机制想要确立学生的主体地位，就需要在规章制度构建、管理活动实施中体现制度和人性两种理念。根据我国教育事业发展方针以及教育部门针对高职院校学生的管理规定，全国高职院校形成了制度化的管理模式，就学生的学业、思想行为等要素形成了制度说明，然而规章制度基本围绕学生的学位学籍、专业课程学习、名誉等内容展开，这尽管影响学生的就业、劳动报酬，但在根本上缺乏人性化的体现。

当前高职生基本是"00后"，他们的价值观念更加多元化、更具独立性，在网络时代社会交互属性极强，在多种价值理念的影响下，学生的情感也更加敏感，意志力不坚定，自我发展方向模糊，极容易受到网络不良观念的诱导。而学生的成长和发展强调全面性，高职院校学生管理机制在以学业、课程、技能等要素形成制度化管理模式的同时，必须强调学生的精神思想、价值观念，通过人性化内容的渗透来正确引导学生，深化学生管理过程，使学生能够通过科学的管理塑造健康身心。同时，高职生正处于人格塑造、自我抉择和分辨的关键阶段，高职学校管理者必须认识到学生这一阶段的显著心理特征，运用人性化管理思想和方法引导学生了解个人感受，形成良好的自我发展能力，掌握个人管理的方法，将学校管理思想转化为个人自觉主动的约束行为，增强社会适应能力。

（二）推进"以人为本"的教学管理原则

当前我国社会处于快速发展与变革的关键时期，社会对于高职院校学生的要求也比以往更加严格、深刻。而作为学生成长发展过程中的关键因素，辅导员对于学生的培养应该根据现实的情况进行有效的分析，在更加适合学生发展的基础上，对学生进行具体而深入的管理。例如，教师在进行管理工作时，要采取"以人为本"的教学管理原则。教师对于学生的发展来说主要起到主导作用，而真正起到主要作用的是学生的主观能动性。因此，教师若想要更好地进行教学管理，促进学生有序发展，那么就需要充分发挥主导作用，为学生提供更加舒适、开放的成长条件，让学生更好地丰富自己，提升其自身的综合能力。当学生处于大学阶段时，教师应该充分为学生考虑，争取站在学生的角度考虑问题，让问题得以顺利解决。同时，教师还需要时刻关注学生在当前阶段发展的状态，对学生的发展规律进行研究。教师还可以从学生的基本情况出发，更加科学地与实际调查研究时所得出的结论进行充分的比较，以便于对相关问题进行展开。若发现相关问题，且问题具有严重后果，那么教师要在发现问题后进行针对性策略的制定，保证问题解决措施的可靠性，以便于对问题进行充分处理。

教师还应该在对学生进行管理时，将管理的重点放在对学生的人格塑造上，同时还需要对学生的主观能动性进行培养，让学生能够很好地对自我行为进行管理，但是这种管理也具有一定的局限性，必须是在学生完成学习任务的基础上，在一定限度内从事管理任务。通过让学生自主进行管理的方式，在一定程度上来说，可以使得学生更好地接受管理行为，同时这也有益于提升学生的综合能力，提升学生管理行为的实践能力。由此可见，在教学管理中采取"以人为本"的教学原则对于学生未来的发展来说具有至关重要的作用。

（三）积极与学生进行沟通交流

从传统的教学管理模式分析可以发现，教师对于学生的管理往往是刻板的，并没有很好地突出管理中人性化的特点。正是由于教师与学生之间的沟通交流存在着一定的障碍，才使得管理水平不能得到显著提升，因此教师积极与学生进行有效的沟通，对于学生未来的发展来说具有至关重要的意义。例如，教师在与学生进行沟通交流时首先需要将学生看成是教育的主体，而并不是教育管理过程中的旁观者，让学生发挥出其主体的地位。教师在对学生进行管理时要将自己放在学生的位置上，设身处地地为学生考虑，这样才能使学生与教师的思想相统一，使学生与教师之间的沟通交流程度逐渐加深。如果教师与学生之间的沟通十分有效，教师可以对学生进行充分的换位思考，那么教师才能够更加精准地对学生的看法以及观点进行了解。教师还可以运用网络手段，通过现如今发展十分迅速的聊天软件与学生进行沟通，当学生在自己的空间或是朋友圈中发表动态时，教师可以适时地进行有针对性的评论，与学生一起对不同的事件进行分析，或者教师还可以通过表情来代指其所要表达的含义，这样可以缩短教师与学生之间的距离，从而帮助教师教学管理工作的顺利进行。教师如果不能直接与每一位学生进行联系，那么也可以与学生代表或者班干部进行联系，这样可以更加具体且有针对性地加强与学生之间的联系，而且还可以更加简单地了解学生的现实情况，切实有效地解决学生所需要面对的基本问题。因此，只有教师与学生之间的关系得到更加紧密的发展，才可以使学生更容易接受教学管理，促进教学管理更好地实施。

（四）设置学生自主管理队伍

高职院校要注意，在将制度化和人性化管理方式融合的过程中，要让二者的优点充分地发挥出来，同时还要通过互补的方式来克服两种管理方式的缺点。为了更好地实现制度化和人性化管理方式的融合，高职院校可以采用学生自主管理的方式来完成学生管理工作。这种通过学生管理学生的方式在很多学校中都有体现，但是在具体应用过程中存在着一定的缺陷，所以并没有发挥出良好的管理作用。在设置学生自主管理队伍的过程中，学生管理工作人员不能挑选过多的学生，要贯彻精简的理念，挑选一些在学生群体当中比较有信服力且拥有一定管理能力的学生，将这些学生组织起来，组建成如高职院校学生会这样的学生自主管理组织。这些学生干部在进行管理的过程中，可以很好地考虑到其他学生的感受，能够耐心地倾听其他学生对于管理工作提出的意见，有利于学生管理工作的民主化建设。

（五）吸取学生意见，完善学生管理机制

学生管理机制是高职院校进行学生管理工作的一个根据，但是在很多高职院校当中，学生管理机制存在着一定的问题，而且并没有随着时代的变化而更新，使得学生管理机制存在一定的滞后性，无法满足当代学生的具体要求。因此，高职院校的学生管理工作人员在按照学生管理制度进行工作的过程中，要善于发现其中的问题，根据学生群体的管理现状来对管理机制进行反思，对于其中一些不合理的地方及时地提出来，并发动整体的学生管理工作队伍进行思考，对这些问题进行改进。在完善学生管理制度的过程中，学生管理工作人员可以让学生以专业为单位来提出意见，并由该专业的教师和学生干部对比较有建设性的意见进行提取，学生管理工作人员要仔细阅读学生的意见，并将其融入学生管理制度当中去，促进学生管理机制的完善。

（六）强化学生进行自我管理

在大学阶段，学生的人生观、世界观、价值观已经形成，因此在这一阶段的学生更加强烈地想要提升自己，而参与到各项活动中则是可以对自身发展进行快速提升的关键因素。尤其表现在自身的学习以及生活中，学生更想要进行自我管理，所以针对这种情况教师就需要采取更加有效的措施来对学生的根本需求进行一定程度的满足。

具体来说，教师可以借助课堂活动的形式，对学生的自我管理能力进行训练，在活动举行之前先让学生从自身的角度，对活动的策划进行有效的编写，让学生独立自主地进行活动策划。教师需对活动策划的内容和形式进行指导，这样可以使得学生的自我管理能力得到更加实际化的训练。若学生在进行管理的过程中出现问题，那么教师也可以及时解决问题，有效提升学生的自我管理水平。活动的形式使得学生的自主意识得到全面的凸显，而教师不能忽略活动结束以后对学生进行的指导工作，活动结束以后教师要对活动进行总结，并对重点环节进行点评，让学生能够更加清楚地意识到活动中出现的基本问题，以及举办活动所带来的经验和教训，以便于更好地进行自我管理。

需要强调的是，虽然学生对于活动规划的过程具有高度的自主性，但这种自主性需在学校的宏观管理制度框架下进行，保证学生对活动的认识更加明确，还可以有针对性地对活动的有效性进行提升，以便于学生在接下来的活动中更好地对自我的管理能力进行证明。

六、健全绩效评估与监督机制

高职院校要进一步完善学生管理绩效评估与监督机制，充分发挥绩效评估对学生管理工作的目标引领、过失惩戒和榜样激励作用。

（一）完善学生管理评估指标体系

学生管理评估指标体系应体现学生工作"教育、管理、服务"相融合的要求，将教育、管理与服务工作过程中执行工作规范与工作标准的效果纳入评估指标；加大学生对服务项目结果评价在评估指标体系中所占权重，通过评估指标权重的调整推动学生工作向"重管理，轻服务"转变。

（二）提高绩效评估工作的科学性

改进评估手段和形式，不断提高绩效评估工作的科学性。高职院校应逐步建立由管理部门、教师、学生代表及第三方评估机构等构成的多维度的绩效评估体系，评估的时间维度也应从单一的期末或年终评估转变为从学生入学到毕业的全过程评估，评估的对象也应由以部门为主的整体性评估逐步转变为以岗位为主的个体性评估，不断提高评估结果的精准水平，为改进和提高管理与服务水平提供更加全面客观的评估信息。

（三）建立和完善学生管理工作监督机制

最新颁布的《普通高等学校学生管理规定》中规定"（学生）有权以适当方式参与学校管理，对学校与学生权益相关事务享有知情权、参与权、表达权和监督权"，这为学生参与学校管理事务提供了法律依据。学校应通过完善制度，鼓励学生参与学校各类学生事务管理工作，包括规章制度的制定和具体学生事务运行质量的监督与评价等，充分发挥学生自组织在学生工作中的积极作用，完善职能部门与广大学生间的信息交流途径和意见反馈机制，让学生了解职能部门的管理职能和范围，让职能部门和学生事务工作人员及时了解学生的诉求和对学生工作的意见。

学校还应完善学生对学校学生事务决策过程的知情途径，鼓励学生对学校的决策和管理举措提出意见和建议。高职院校应参照各级政府推行"责任清单""负面清单"等强化监督机制的举措，加快推进学生管理信息公开化、管理流程规范化及责任追究制度化等监督机制改革的步伐。

（四）完善学生自治组织建设

充分发挥学生自治组织在大学治理活动中的积极作用是建设现代大学制度的重要内容。高职院校应真正发挥学生自治组织在维护学生权益、监督学生管理与服务工作方面的特殊作用，建立健全学生自治组织了解、参与学校治理的制度机制。学生自治组织应真正代表学生利益，主动了解学生在学习、生活和其他方面的诉求与面临的实际问题，向学校有关部门和学院反映学生诉求，提出解决具体问题的意见和建议，协助学校处理各类涉及学生权益的矛盾与纠纷。学校各类管理部门、教学部门及全体教职员工都应该充分尊重学生的主体地位，尊重和维护学生的权益，与学生自治组织建立通畅的沟通机制，听取意见，改进工作，切实保障学生参与学校治理和各项教学、管理与服务活动的知情权、建议权和监督权。

学生管理机制创新是高职院校内部治理体系的再调整和再完善。实现学生管理机制创新，要将学生管理作为建立现代大学制度的重要组成部分，将学生管理机制创新作为高职院校综合改革的重要内容，统筹处理教育、管理、服务三者的关系，将学生管理机制创新与其他领域的制度创新同步推进，使学校各项管理政策和制度安排相互支撑、相互融合，为全面提高学生管理工作水平，促进学生全面发展提供更加完善的制度与机制保障。

参 考 文 献

［1］屈维彪. 高职院校学生工作实务 [M]. 北京：光明日报出版社，2017.

［2］徐友辉，何雪梅，罗惠文. 高职院校学生教育管理创新研究 [M]. 成都：西南交通大学出版社，2018.

［3］王凯. 和谐校园建设下高职院校学生管理研究 [M]. 长春：吉林出版集团股份有限公司，2021.

［4］李文莲. 高职院校管理研究与实践 [M]. 北京：北京理工大学出版社，2020.

［5］许慧娟，马红娟，刘瑜，等. 高职学生管理工作的改革与创新 [J]. 大众标准化，2020（23）：210-211.

［6］李明娟. 高职学生管理存在的问题以及制度化与人性化融合的策略 [J]. 中国新通信，2020，22（18）：209-210.

［7］邹欣云. 制度化与人性化相融合的高职学生管理机制探析 [J]. 农村经济与科技，2020，31（10）：333-334.

［8］郭佳宁. 基于高职学生管理制度创新的对策思考 [J]. 产业与科技论坛，2021，20（24）：231-232.

［9］任宏. 校企合作背景下高职学生管理模式创新研究 [J]. 大学，2021（46）：60-62.

［10］马超. 工学结合培养模式下高职学生管理的创新研究 [J]. 辽宁高职学报，2021，23（10）：97-100.

［11］李筱. 探索大数据时代下高职学生管理的信息化建设 [J]. 老字号品牌营销，2021（10）：165-166.

［12］王苗苗. 信息技术视域下高职学生管理的对策探析 [J]. 信息记录材料，2021，22（10）：84-85.

［13］牟琼坤. "三全育人"理念引领下高职学生管理工作创新研究 [J]. 国际公关，2021（7）：118-120.

［14］黄宇，王艳. 科学发展观视野下高职学生管理模式探析 [J]. 就业与保障，2021（5）：133-134.

［15］张萍. 高职学生管理工作提质培优的路径探究 [J]. 江苏建筑职业技术学院学报，2021，21（1）：68-70.

［16］唐涛. 责任意识为导向理念下的高职学生管理制度功能强化探究 [J]. 中国多媒体与网络教学学报（中旬刊），2021（2）：176-178.